Título original: Essays on Culture, Politics & Education
Traducción: J. Félix Angulo Rasco

Edición: Primera en castellano. Septiembre de 2025

ISBN: 979-13-87546-42-7
E-ISBN: 979-13-87546-43-4
Depósito legal: M-19516-2025

© 2025, Miño y Dávila srl / Miño y Dávila editores sl

Categorías IBIC: JNAM [Moral & social purpose of education]
JNDG [Curriculum planning & development]
JNF [Educational strategies & policy]

Categorías Thema: JNFR [Educación: aspectos sociales y culturales]
QDT [Teoría y filosofía de la educación]
JNF [Educational strategies & policy]

Diseño y composición: Gerardo Miño

MIÑO y DÁVILA
♦ E D I T O R E S ♦

www.minoydavila.com.ar

Dirección: Miño y Dávila s.r.l.
Tacuarí 540. Tel. (+54 11) 4331-1565
(C1071AAL), Buenos Aires, Argentina.

c o l e c c i ó n
Crestomatías

Dirigida por
J. Félix Angulo Rasco
Universidad de Cádiz, España
(felix.angulo@uca.es)

Comité asesor
Ingrid Sverdlick
Universidad Nacional de la Patagonia San Juan Bosco y
Universidad Nacional Arturo Jauretche, Argentina
(ingridsver@gmail.com)

Dina María Rosário
Universidade do Estado da Bahia, Brasil
(dmrsantos@uneb.br)

Esta colección, siguiendo a Valentín Voloshinov en su caracterización de lo que es un libro, pretende ser "una actuación discursiva que participa en una discusión ideológica a gran escala: responde a algo, algo rechaza, algo está afirmando, anticipa las posibles respuestas y refutaciones, busca apoyo, etcétera". Por ello la hemos denominado *Crestomatías: cuadernos para la educación crítica*, a estos textos de actuación discursiva que desean participar activa e ideológicamente en la lucha por dar sentido a las palabras, y con ello cambiar la praxis y ayudarnos a pensar sobre la educación.

"El lenguaje es fuente de mal entendimiento", nos recordó Saint Exupery, y Flores D´Arcais también nos ha advertido que la lucha política y la lucha filológica por el significado de, por ejemplo, la idea de democracia son distintos pero complementarios terrenos del mismo combate "en el que siempre está en juego nuestra dignidad". Con ello, nos ha indicado que tenemos que prestar mucha atención a cómo son utilizados los conceptos que inadvertidamente creemos establecidos. Uno de dichos conceptos, es el de educación crítica. Repasando su utilización ya sea por la literatura ingente que se ha publicado y difundido o por el perfil borroso de algunos de sus supuestos representantes, podemos afirmar que se ha ido desfigurando y vaciando su contenido y sentido. Laclau y Mouffe han distinguido entre significantes flotantes y vacíos. Los flotantes dan cuenta de las luchas polisémicas por hegemonizar un espacio fuertemente político y discursivo. Los vacíos, indican momentos de estabilización de los sentidos políticos; una estabilización acomodaticia y precaria sin contenido.

En educación tenemos un sinfín de conceptos vacíos, como los de inclusión, calidad, aprendizaje, y educación. En innumerables casos, la "paralización" del sentido no es más que como un interés económico y político, una conversión sesgada, conservadora y timorata del significante. Desplazamos y anulamos su posible sentido comparativo y crítico para mostrarnos un concepto vacío y neutralizado, cuyo uso, aparentemente plural, señala banalidades y lugares no-comunes.

El sentido de esta colección es justamente combatir la hegemonía, radicalizar el espacio epistémico, como nos recordó Foucault en *Las Palabras y las Cosas*. Queremos volver a debatir y discutir sobre la educación crítica, des-banalizarla, des-neutralizarla, señalar que siendo un concepto flotante vale la pena seguir discutiendo; necesitamos mantener el discurso crítico sobre lo que queremos decir por educación crítica. Aceptar la polisemia del mismo e insistir en que la lucha hegemónica no está perdida, en que necesitamos pensar todavía qué queremos decir cuando empleamos el concepto de educación crítica; que necesitamos debatirlo y no darlo por cerrado. En ello nos va no sólo nuestra dignidad, sino también, lo que es más importante, nuestra potencialidad para una praxis transformadora de la educación.

ANTONIA DARDER

Cultura, política y educación

Enseñar para el fin del mundo
(tal como lo conocemos)

Índice

Capítulo 1

La política cultural de la escolarización

Pero la democracia, por definición, no puede significar meramente que un trabajador sin habilidades pueda volverse hábil.

Debe significar que cada "ciudadano" puede "gobernar" y que la sociedad lo coloca a él [o a ella] en una condición general para lograrlo.

Antonio Gramsci (1971)

Estamos viviendo tiempos difíciles. En todo el mundo, los maestros y maestras, estudiantes, padres y madres, han estado lidiando con el impacto de la pandemia y las formas en que las condiciones de confinamiento han creado presiones aún mayores en sus vidas. Como era de esperar, el estrés y la incertidumbre han sido experimentados con mayor intensidad por aquellos que existen como grupos colonizados y minoritarios. Al abordar cuestiones de la pedagogía culturalmente democrática, mis experiencias se han centrado en los Estados Unidos, donde los enormes cambios demográficos en las últimas décadas han dado lugar a muchos sistemas escolares grandes con cuerpos estudiantiles que ahora son principalmente estudiantes pobres de clase trabajadora de comunidades culturalmente subordinadas.

Estos estudiantes se encuentran en entornos donde deben luchar por navegar y transitar de manera efectiva las diferencias que enfrentan a diario, dentro de la cultura del aula del sistema educativo dominante.

Este fenómeno de cambio demográfico también se ha experimentado en otras partes del mundo, ya que tanto los solicitantes de asilo como los refugiados de guerra y económicos, viajan a países europeos con la esperanza de encontrar seguridad y mejores condiciones de vida para sus familias. En el proceso, sus hijos a menudo enfrentan problemas académicos relacionados con diferencias económicas, lingüísticas, culturales y religiosas. Muchos de estos problemas se han intensificado aun más por las condiciones del aprendizaje virtual, donde los cuerpos de los estudiantes y su participación en su propio aprendizaje pueden ser más fácilmente marginados. En el centro de tales dificultades pedagógicas hay diferencias ontológicas y epistemológicas no reconocidas, que resultan en mucha confusión, tensión y conflicto para los estudiantes de comunidades culturales subordinadas, quienes se espera que ingresen a entornos escolares culturalmente diferentes y, a menudo, hostiles, y rindan académicamente al nivel de sus compañeros nativos. Esta es una expectativa poco realista dado sus historias vividas de desigualdades materiales, despojo político y exclusión social y condiciones que solo empeoraron durante la pandemia.

Las condiciones de la pandemia no solo desencadenaron una crisis de salud global, junto con impactos preocupantes en la educación y las condiciones laborales, sino que también pusieron de relieve enormes divisiones en las desigualdades políticas, económicas y racializadas en las sociedades, que se espera aumentarán en el mundo post-pandémico. Las poblaciones negras, latinas, indígenas y otros grupos racializados, en particular, experimentaron el devastador impacto del virus, con estadísticas que indican tasas de mortalidad significativamente más altas entre estas comunidades subalternas que en comparación con sus contrapartes blancas (Yaya *et al.*, 2020). En educación, más de mil millones de niños se vieron afectados en todo el mundo por su traslado a la modalidad de aprendizaje virtual, donde las desigualdades racializadas en el acceso digital ampliaron la brecha (International Task Force on Teachers for Education, 2020)[1]. De manera similar, los trabajadores subalternos, tipificados como de baja habilidad y con pocos beneficios, tuvieron que cargar de manera desproporcionada con el desprecio neoliberal global (Furceri *et al.*, 2020).

Este desprecio, sin embargo, no es algo nuevo. Durante las últimas cinco décadas, las políticas y prácticas neoliberales han transformado negativamente el

---

1 Información sobre esta organización se puede encontrar en: <https://teachertaskforce.org/> (N. del E.).

panorama de la educación en los Estados Unidos y en el extranjero. Giroux subraya el papel del capitalismo neoliberal como una fuerza fundamental, sugiriendo que su enfoque en la privatización, la desregulación y la acumulación de riqueza ha vaciado las estructuras democráticas (Giroux & DiMaggio, 2024). Esto ha resultado en cambios asombrosos en los debates sobre políticas educativas estatales y nacionales en torno al currículo, la evaluación y la rendición de cuentas, la preparación docente, el liderazgo educativo y las condiciones bajo las cuales se lleva a cabo la investigación educativa. Simultáneamente, las condiciones materiales se han vuelto cada vez más sombrías dentro de las comunidades subalternas, donde la reestructuración económica, las condiciones postindustriales de la vida urbana, la gentrificación generalizada, la globalización de la economía y la destrucción ecológica son, de manera alarmante, la norma. Estas desigualdades globales deben entenderse como parte de un proyecto político-económico más amplio de privilegio económico extremo que moldea de manera abrumadora las relaciones de poder tanto a nivel nacional como internacional.

Dentro del ámbito educativo, los docentes en todas partes se han visto obligados a enfrentar las consecuencias de una población mundial profundamente dividida entre los que tienen y los que no tienen, mientras trabajan en un contexto donde la mercantilización desenfrenada del currículo, una ética individualista y de competitividad, esquemas de rendición de cuentas basados en prácticas de alto riesgo y la privatización de la educación, han deformado el trabajo de los maestros. Sin embargo, a pesar de la gravedad de las desigualdades globales y el impacto debilitante de las políticas educativas neoliberales en los estudiantes subalternos y sus comunidades, la tendencia dentro de la educación es pasar por alto cómo estas condiciones de empobrecimiento y desigualdad son, en realidad, requisitos previos del capitalismo. De manera similar, la construcción e imposición de mitos engañosos y visiones deficitarias de las poblaciones culturales subordinadas abundan –visiones que preservan y perpetúan estructuras institucionales de lo que Paulo Freire (1970) llamó *invasión cultural*, asociada con formas opresivas de control social y material de las poblaciones subalternas. Por lo tanto, los desafíos descolonizadores a las políticas dominantes deben confrontar los procesos descarados de dominación cultural y el control absoluto sobre el capital global. Dentro de la educación, esto también implica resistirse a una cultura estrecha de producción de conocimiento, que sostiene una concentración injusta de poder, riqueza y recursos en manos de menos del 10% de la población mundial.

En consecuencia, en el país más rico del mundo, la pobreza sigue teniendo un impacto devastador en millones de personas. Hoy en día, hay 95 millones de estadounidenses pobres o de bajos ingresos y las condiciones de los empobrecidos en todo el mundo solo han empeorado. Según Oxfam, ocho hombres poseen más riqueza que 3,6 mil millones de personas. El 1% más rico tiene más del doble de riqueza que 6,9 mil millones de personas, mientras que casi la mitad de la humanidad sobrevive con U$S 5 [50] al día. No es sorprendente entonces que las poblaciones negras, latinas, asiáticas, indígenas y otras racializadas a nivel mundial se enfrenten a consecuencias negativas abrumadoras asociadas con COVID-19 y sus variantes en nuestras comunidades. Además, la combinación tóxica de exenciones fiscales para los ricos, creciente desempleo, aumento del endeudamiento y recortes devastadores a la red de seguridad social en los EE.UU. y otras naciones, desmienten la retórica neoliberal de la democracia y la justicia social. A la luz de una agenda económica internacional impulsada implacablemente por el consumo, quienes están comprometidos con la descolonización, la justicia social y una educación culturalmente democrática se ven obligados a lidiar con el objetivo subyacente de la actual escolarización hegemónica de perpetuar la injusticia.

Frente a estas condiciones contemporáneas de desigualdad y exclusión social, cada aspecto de la vida ha sido colonizado y mercantilizado, desde el nacimiento hasta la muerte, dejando a muchos profundamente insatisfechos, alienados y desempoderados en las garras del capitalismo global. Una visión culturalmente democrática de la educación busca entonces encarnar un proyecto político humanizador, en aras de la libertad y la igualdad. Esto también implica una resistencia y un desafío decidido a las políticas neoliberales invasoras que surgieron en la década de 1980. Margaret Thatcher en el Reino Unido y Ronald Reagan en los Estados Unidos abogaron por agendas de derecha que se basaron en ataques al estado de bienestar, mediante políticas sociales draconianas y recortes en el gasto público, junto con leyes tributarias y desregulación de la industria financiera, priorizando los intereses económicos. Como los dos principales líderes mundiales en apoyo del auge del neoliberalismo, Thatcher afirmó: "no existe tal cosa como la sociedad"[2], promoviendo el valor supremo del individuo; mientras que Reagan defendía la omnipotencia de la libre competencia del mercado, promoviendo la lógica de su economía de goteo. Más concretamente, ambos líderes utilizaron sus poderes ejecutivos para propagar la idea de que las escuelas debían funcionar como motores económicos de la nación, al tiempo que utilizaban los recursos nacionales para debilitar drásticamente el poder de los sindicatos.

---

2   Esta sentencia procede de una entrevista concedida por Margaret Thatcher en 1987. La respuesta completa a la pregunta "¿quién es la sociedad?", fue la siguiente: "No existe tal cosa, tan sólo individuos, hombres y mujeres" (N. del E.).

En *Pedagogía de la ciudad* (1993), Freire criticó abiertamente la indiferencia neoliberal hacia los más vulnerables y argumentó contra la naturaleza corrupta de las iniciativas financieras globales. Condenó las políticas de privatización que, abierta o encubiertamente, se apropiaron de recursos públicos en todo el mundo para expandir la acumulación de capital entre los ricos y poderosos. Freire habló con firmeza sobre cómo el neoliberalismo socava el acceso público y limita la participación democrática de las masas en las decisiones cruciales que impactan en su trabajo y en su existencia cotidiana. Argumentó que ninguna visión política justa puede materializarse sin la participación activa de hombres y mujeres, abogando por sistemas genuinamente en sintonía con sus necesidades humanas. De igual manera, sus reflexiones críticas apuntan a un capitalismo global que opera en terrenos de clase, raza y género, de manera invisible y generalizada, y que esta arraigado en la dinámica colonizadora del pasado.

El vínculo entre cultura y poder

Comprender el vínculo entre cultura y poder es fundamental para promover los intereses emancipadores del alumnado culturalmente subordinado, incorporando su voz y participación en el discurso y en los procesos de la educación pública. Conceptualmente, este vínculo proporciona una base para examinar cómo la conciencia de docentes y alumnado se ve moldeada por las relaciones sociales asimétricas de poder y conocimiento que se dan a diario en el aula. Esto ocurre especialmente en las sociedades occidentales, donde se considera mucho más eficiente utilizar las estructuras hegemónicas de poder para influir en la conciencia individual de forma que preserve los intereses de la clase dominante, en lugar de recurrir a la fuerza bruta para buscar la sumisión a los regímenes dominantes. En la educación neoliberal se despliegan políticas deshumanizantes de rendición de cuentas y formas instrumentalizadas de enseñanza para el examen y las pruebas estandarizadas, que moldean la conciencia del alumnado, disciplinan sus cuerpos, mentes y corazones; moldean, también, su forma de hablar, sus actitudes hacia quienes consideran "otros" y cómo se definen a sí mismos e interpretan el mundo en el que viven.

Es entonces, a través de la internalización de las ideologías dominantes prescriptivas, que las perspectivas y comportamientos estudiantiles se moldean hacia la lealtad a la cultura dominante. Esta socialización sistemática del alumnado, en contraste con la insistencia de Freire en que la educación es un acto político, ocurre dentro de lo que la mayoría de los educadores afirma ser –erróneamente– un entorno "apolítico" (Kincheloe, 2008, p. 219). Sin embargo, para que el proceso de escolarización se base en una pedagogía culturalmente democrática, hay que reconocer que el alumnado de diferentes grupos sociales, económicos y culturales debe experimentar el mundo de manera diferente y, por lo tanto, encontrar un espacio para expresar sus experiencias vividas. Cabe reiterar que la forma en que se experimentan y comprenden estas experiencias está fundamentalmente ligada al poder que determinados grupos ejercen dentro del orden social. Con esto en mente, una teoría educativa crítica de la democracia cultural cuestiona cómo se imponen y perpetúan los significados, valores y verdades en las escuelas, a través de los mecanismos sociales más amplios que rigen la sociedad. Por ello, una teoría crítica de la democracia en aras de descolonizar la justicia social requiere que entremos en una redefinición fundamental del poder.

Como se ha señalado, los sistemas educativos utilizan formas de hegemonía cultural para ejercer dominación y control sobre la clase trabajadora y las poblaciones racializadas, mediante el fenómeno que Freire (1970) denominó *invasión cultural*. La invasión cultural, como proceso antidialógico, reproduce la opresión social, política y económica de las poblaciones subordinadas, silenciando los valores culturales, las historias vividas y las voces de las poblaciones subalternas. Freire describió la invasión cultural como un proceso mediante el cual

...los invasores penetran el contexto cultural de otro grupo, sin respetar las potencialidades de este último; imponen su propia visión del mundo a quienes invaden e inhiben la creatividad de los invadidos al frenar su expresión. (1970, p. 150).

La consecuencia es que quienes son invadidos creen que su supervivencia depende de asimilar las costumbres de sus colonizadores. Toda dominación, entonces, se basa en la política de invasión. En muchos casos, como vemos con las poblaciones indígenas y otras poblaciones subalternas en todo el mundo, incluida Palestina, la invasión cultural en forma de colonialismo de asentamiento perpetúa formas de dominación material, política y cultural.

Al pronunciarse resueltamente contra el poder opresivo de la clase dominante, Freire afirmó el poder de la ideología en la consolidación del poder y el control material. Esto desmitifica los discursos deterministas del neoliberalismo que engendran fatalismo y obstruyen la participación abierta. Y en este sentido, se revelan los discursos distópicos que empobrecen los esfuerzos democráticos, tanto en el norte como en el sur. Freire (1995) argumentó clara y firmemente que el capitalismo no es el futuro radiante, para señalar que es imposible superar los abusos del capital en las escuelas y la sociedad sin negar su ideología opresiva de extracción y acumulación. Esto también apunta a una ideología colonizadora anclada en una epistemología occidental de conquista, que reproduce lo que Boaventura de Sousa Santos (2007a) llama una *división abismal*, donde todo conocimiento o significado que no sirva a los intereses del capital se invisibiliza sistemáticamente, volviéndolo inexistente o irrelevante para nuestra lectura del mundo.

Freire (1995) también afirmó, acertadamente, que las injusticias curriculares del sistema educativo capitalista ocultan la lucha de clases global. Los antagonismos de clase en el aula, velados por currículos instrumentalizados, intensifican la labor de los educadores críticos que luchan por implementar prácticas de aprendizaje democrático. Esta falta de claridad sobre la clase social también puede generar confusión y contradicciones entre muchos docentes, estudiantes y comunidades de clase trabajadora, interrumpiendo su capacidad de resistencia y participación coherente en la lucha de clases. Por el contrario, si queremos revelar las condiciones concretas de opresión y luchar por desmantelar las estructuras injustas del capitalismo global, debemos trabajar para socavar el aparato cultural opresivo de dominación que traiciona nuestra humanidad. En el centro del mensaje de Freire se encuentra la necesidad de que los educadores y activistas confronten el impacto letal del capitalismo global en nuestras vidas y participen en luchas políticas dentro de las circunstancias reales que enfrentamos en las escuelas y comunidades. Sin embargo, este mandato suele ser muy desafiante para los docentes, en particular en el contexto de las crecientes desigualdades del mundo actual y los discursos colonizadores que socavan la justicia social de las poblaciones subalternas.

Descolonizando la justicia social

Dada mi propia historia como mujer puertorriqueña, colonizada y de clase trabajadora, residente en Estados Unidos y mi firme compromiso con la educación para la liberación, la cuestión de la democracia cultural ha sido fundamental. Desde el principio, mi principal preocupación se centró en el vínculo entre cultura y poder y en las diferentes maneras en que las poblaciones culturalmente subordinadas luchan por desenvolverse en las condiciones sociales y económicas de sus vidas. En mis primeros trabajos, utilicé el término *bicultural* para referirme a este fenómeno (Darder, 1991; 1995; 2012), mientras que en este trabajo utilizo el término *subalterno* como una categoría más inclusiva para las poblaciones oprimidas cultural, lingüística, política y materialmente. Lo clave aquí es que el término subalterno también señala la manera en que la cultura de la dominación se impone sobre los culturalmente oprimidos. En el ámbito de la educación, esta perspectiva abre la puerta al examen de las dinámicas y respuestas culturales que a menudo exhiben los estudiantes oprimidos en las aulas y las comunidades en respuesta a las persistentes prácticas colonizadoras asociadas con la subordinación cultural. Subordinación tanto en términos de significantes de diferencia (es decir, clase, género, lengua hablada, fenotipo –color de piel–, religión, sexualidad, etc.) como de formaciones de capital neoliberal que dan lugar a su subalternidad dentro de las sociedades, a pesar de la retórica nacional que afirma apoyar la justicia social y la plena integración de las comunidades subalternas.

Desafortunadamente, en la educación y en otros contextos, el concepto de justicia social se suele abordar de forma abstracta y conservadora, lo que dista mucho de incluir una comprensión culturalmente democrática de la justicia. Una de las razones de esto es que las perspectivas de sentido común hablan de igualdad y justicia social como si todas las personas vivieran en igualdad de condiciones y solo fuera cuestión de ajustar el sistema (o a los individuos) aquí y allá. Sin embargo, nada podría estar más lejos de la realidad, ya que persisten desigualdades de larga data en la vida de las poblaciones subalternas. En contraste, las perspectivas descolonizadoras de la justicia social desafían la cultura de racialización de la formación de clases/castas que erosiona sistemáticamente la pertenencia, la identidad cultural, la voz y la participación de los subalternos, despojándonos de nuestras historias, conocimientos culturales, nuestras lenguas y nuestra sabiduría ancestral.

Las poblaciones subalternas consideradas "otras" siguen siendo reducidas a objetos o cosas manipulables, en beneficio de las agendas económicas y militares de los poderosos. De igual manera, los enfoques educativos neoliberales, que surgen de la unidimensionalidad del capitalismo avanzado y su dominación epistemológica, siguen implementando prácticas escolares que reproducen lo que Aime Césaire (2000) denominó *cosificación de los oprimidos*. Césaire, al igual que Frantz Fanon (1967), habló sobre la continua destrucción de las poblaciones y países colonizados del sur, señalando a los "millones de hombres [y mujeres] arrancados de sus dioses, sus tierras, sus costumbres, su vida; de la vida, de la danza, de la sabiduría" (p. 178). El racismo que sustenta este fenómeno ha llevado, por ejemplo, al encarcelamiento sin precedentes en Estados Unidos de un número desproporcionado de personas subalternas que viven tras las rejas. También existen conexiones entre las políticas neoliberales que intensifican las exclusiones sociales y materiales, a la vez que ignoran las crecientes amenazas del catastrófico cambio climático, la contaminación ambiental y la devastación ecológica; todas ellas, condiciones que impactan con mayor intensidad en las comunidades subalternas. Para descolonizar la justicia social desde las conceptualizaciones superficiales, debemos observar cómo las instituciones, incluida la educación, se ven impulsadas por las estructuras culturales de desigualdad en las que se encuentran inmersas. No sorprende, entonces, descubrir que las prácticas culturales dominantes dentro de las instituciones educativas de todo el mundo aún perpetúan lo que Mignolo (2007) denomina la *colonialidad del poder*, que actúa en directa oposición a los enfoques descolonizadores. Tanto es así que

> ...a lo largo de los siglos, las fuerzas de la conquista, el genocidio, la expulsión, la colonización, el imperialismo, la destribalización, la urbanización y la reubicación han alterado profundamente a las comunidades de todo el mundo. (Grande, 2004, p. 2).

Una de las peores consecuencias, por ejemplo, de las prácticas colonizadoras ha sido la despreciable creación de una "dependencia económica" entre los subalternos, mediante lo que Frantz Fanon (1967) denominó una *lógica pervertida*. Erradicar el impacto histórico y contemporáneo de una dependencia colonialista es, por lo tanto, la base de una epistemología descolonizadora de la justicia social, que busca desvincular nuestra comprensión de los grupos culturalmente subordinados de los *epistemicidios occidentales*[3] (Paraskeva, 2016;

---

3 Un *epistemicidio* ocurre cuando se anula, se margina e incluso se destruyen saberes y conocimientos de grupos culturales y étnicos no occidentales. (N. del E.)

Mignolo, 2007; Santos, 2007b). Esto implica reafirmar historias borradas en nuestra comprensión de la educación y la diferencia cultural, afirmando el conocimiento cultural, las experiencias, los idiomas y la sabiduría de aquellos negados por la modernidad europea (Mignolo, 2011; Quijano, 2000), lo cual apunta a una perspectiva descolonizadora de la justicia social que reconoce la inseparabilidad de la colonialidad y los imperativos capitalistas de la modernidad europea, así como su continuo impacto en las poblaciones subalternas del mundo. Además, esta relectura de la historia desafía y critica profundamente el guion oficial de la colonización y las celebraciones poscoloniales que la acompañan, consciente de que la matriz colonial del poder persiste mucho después de la retirada de las fuerzas políticas coloniales de dominación (Wanderley & Faria, 2013). En muchos sentidos, el discurso del neoliberalismo, disfrazado de globalización, ha funcionado como una astuta maniobra de distracción mediante la cual los discursos contradictorios de justicia social descarrilan la resistencia antiimperialista y los desafíos a una política opresiva de conquista. En el ámbito educativo, esto se hace visible en la forma en que el currículo oculto colonizador se emplea para inhibir cambios fundamentales en las políticas y prácticas hegemónicas de las escuelas.

Abordar una praxis descolonizadora de justicia social desde esta perspectiva arroja luz sobre la parcialidad y las limitaciones ocultas de los relatos históricos, revelando la ausencia de poblaciones subalternas que han permanecido exiliadas y reprimidas por prácticas educativas que sustentan una división abismal, donde el otro se vuelve irrelevante o inexistente. Sobre esto, Santos escribe:

> Lo que caracteriza fundamentalmente el pensamiento abismal es, por lo tanto, la imposibilidad de la co-presencia de los dos lados de la línea. En la medida en que prevalece, este lado de la línea solo prevalece agotando el campo de la realidad relevante. Más allá de él, solo hay inexistencia, invisibilidad, ausencia no dialéctica. (2007a, p. 1).

Como consecuencia directa de la división abismal, el conocimiento que los estudiantes de comunidades culturales subordinadas aportan al aula se invisibiliza sistemáticamente y se considera irrelevante, a veces incluso en nombre del éxito académico o el bienestar social de los estudiantes. Además, las formaciones de clase/casta, las creencias, las actitudes y los valores en la educación están profundamente ligados a una colonialidad global del poder (Grosfoguel, 2011; Quijano, 2000) y se materializan mediante expectativas racializadas, expectativas definidas por los intereses dominantes y llevadas a cabo, como señaló Gramsci (1971), por los líderes morales más discretos, es decir, los docentes. Por lo tanto, los valores pedagógicos moldeados por una praxis de justicia social descolonizadora trabajan para apoyar una educación culturalmente democrática, desafiando esta matriz colonial del poder, que abarca el control económico y el control de la autoridad.

Democracia cultural y escolarización

> *La educación debe vincularse con formas de empoderamiento personal y social para que la escuela se convierta en una fuerza en la lucha constante por la democracia [cultural] como forma de vida.*
>
> *Henry Giroux (1988a)*

El término "democracia" deriva del griego *demos* y *kratos*, que significa gobierno del pueblo o de la mayoría; además, debido a la gran cantidad de pobres que había en Grecia en aquella época, se interpretó como gobierno de los pobres. Por lo tanto, a pesar de que la democracia rara vez se ha equiparado con un conflicto social manifiesto, históricamente nunca se ha logrado sin disenso y lucha, y esa lucha siempre se ha asociado con la igualdad social y económica (Arblaster, 1987). Incluso hoy, la lucha por la democracia y la igualdad en Estados Unidos y otros países, especialmente en el aula, sigue reflejándose en las desigualdades de clase social y racializadas. Por lo tanto, la democratización de las sociedades del norte, con poblaciones étnicamente muy diversas, debe enfrentarse a un aparato cultural dominante, moldeado por los contornos del capitalismo y su movimiento transnacional por todo el mundo. Por ello, ninguna visión revolucionaria de la vida culturalmente democrática puede evolucionar sin esfuerzos políticos y económicos para transformar los ideales contradictorios del capitalismo y la perniciosa expresión de su lógica y *ethos* racializantes en toda la sociedad, incluidas las escuelas.

En Estados Unidos, el Reino Unido, Francia y otras partes del mundo, donde los rápidos cambios demográficos culturales están transformando literalmente el color de estas sociedades, sin transformaciones fundamentales en el poder o la riqueza, resulta difícil abordar cuestiones de identidad nacional, dado que gran parte de la población permanece opresivamente minorizada. Esto significa que un proyecto crítico de democracia cultural requiere que cuestionemos las ideologías, estructuras y prácticas dominantes que perpetúan la subordinación de las comunidades culturales, en nombre de una identidad nacional unificada. Un factor clave en la democratización de sociedades diversas requiere una estructura de gobierno culturalmente democrática que cultive y preserve el derecho de las poblaciones étnicas a expresarse por sí mismas. Mediante este enfoque, se puede fomentar la multiplicidad de identidades nacionales, ofreciendo mayores posibilidades para la democratización crítica de las sociedades y sus instituciones. Además, un proceso de vida democrática cultural debe integrarse en el contexto escolar, dado que la escolarización hegemónica tiende a socializar a los estudiantes subalternos en formas culturales de ciudadanía que refuerzan su silencio y pasividad.

El reconocimiento de la democracia misma como espacio de lucha es, por lo tanto, un principio fundamental de la teoría crítica de la democracia cultural, donde las luchas se centran directamente en la cuestión de la cultura, el poder y quién controla las verdades culturales. Desafortunadamente, la democracia en las sociedades occidentales se ha reducido a menudo de forma simplista a un principio absoluto de gobierno de la mayoría, promulgado principalmente mediante un proceso electoral, mientras que, simultáneamente, las voces de los grupos minoritarios son sistemáticamente silenciadas en la sociedad en general. Paul Carr (2010), en su libro *¿Cuenta tu voto?: Pedagogía crítica y democracia*, expresa su preocupación por la forma en que el proceso electoral se utiliza con demasiada frecuencia para silenciar las voces de las poblaciones marginadas y justificar la existencia de desigualdades, como si las comunidades minoritarias en estas sociedades fueran iguales o estuvieran en una situación similar, con poder y privilegio para influir en las políticas y prácticas que impactan en la educación de sus hijos. Carr afirma:

Sería una afrenta para todas las personas, incluidos los pueblos aborígenes/indígenas, los grupos marginados y aquellos tradicionalmente excluidos de los círculos de la toma de decisiones, si el acto de votar pudiera sofocar el debate sobre qué es la democracia simplemente porque las elecciones han proporcionado a las personas una supuesta *libertad de elección*. La democracia debe trabajarse y reelaborarse constantemente, con menos dependencia del proceso formal y el ciclo electoral, y debe considerar cómo se puede construir una sociedad más humana, decente y significativa, fuera de las trampas de las élites de poder y las maniobras constitucionales que trivializan y minimizan las aspiraciones de todos los pueblos. (2010, p. 5).

Cuando el poder de la "regla de la mayoría" prevalece en el aula o en la sociedad en general, los intereses, opiniones y convicciones minoritarios suelen ignorarse en el proceso de toma de decisiones y ciertos grupos quedan permanentemente relegados a la marginalidad. Pero esta comprensión de la democracia tiende a volverse inestable y perder legitimidad ante sus ciudadanos. Esto ocurre porque la democracia no puede funcionar donde no existe espacio para conformar orgánicamente una voluntad o un interés común, y esto no puede desarrollarse donde no existe una base de igualdad social y económica. Es indudable que la democracia requiere valores y experiencias compartidos para que los miembros culturalmente diversos de las sociedades encuentren algún sentido de identificación y confianza en un sistema político compartido considerado abierto y justo. Al respecto, Arblaster afirmó:

> También es necesario que ninguna minoría significativa se sienta excluida permanentemente del poder y la influencia; que los grupos y los individuos sientan que son aproximadamente iguales en su capacidad de influir en el resultado de la formulación de políticas comunitarias, y que esos resultados encarnen lo que las personas reconocen como los intereses generales de la sociedad, en lugar de meramente la combinación o el equilibrio de los intereses de varios grupos particulares y organizados o de intereses específicos. (1987, p. 78).

Esto ayuda a explicar por qué existen formas de desigualdad en el proceso de escolarización hegemónica, que niegan los principios de igualdad que son centrales en su expresión. También respalda claramente la idea de que la contradicción entre una teoría de la democracia propugnada y una experiencia vivida de desigualdad (y la evidente desigualdad de poder resultante) es en gran medida responsable de las crecientes tensiones sociales existentes entre los grupos culturales subordinados y las escuelas públicas, cuyos objetivos pedagógicos perpetúan la dominación cultural y el control tecnocrático. Y, como consecuencia adicional, es precisamente este

31

desequilibrio social el que impide el desarrollo concreto de un interés común genuino y un espíritu de solidaridad entre las diversas poblaciones culturales de la sociedad. En sus escritos sobre la educación democrática, John Dewey abordó esta desigualdad, argumentando:

> Cuanto más se restringe la actividad a unas pocas líneas definidas –como sucede cuando hay líneas de clase [y culturales] rígidas que impiden la interacción adecuada de experiencias– más tiende la acción a volverse rutinaria por parte de la clase en desventaja, y caprichosa, sin objetivo y explosiva por parte de la clase que tiene la posición materialmente afortunada. (1916, p. 85).

Dewey, al igual que Freire, también argumentó que la educación debería funcionar como un vehículo principal para que los estudiantes desarrollen una base ética para su participación en el proceso democrático y una comprensión crítica de la democracia como ideal moral a partir del cual se forje un sentido de comunidad y se luche por la libertad y el bien común. Sin embargo, para que las escuelas estén a la altura de este desafío, Freire (1995) sugirió que los educadores deberían crear entornos donde se reconozca el interés mutuo como factor fundamental del control social y donde exista el compromiso de reinvención continua. Dewey considera esto un paso esencial para deconstruir el miedo a interactuar con quienes se perciben como "otros", al permitir que surjan conflictos entre los estudiantes para que puedan aprender unos de otros y, así, ampliar su comprensión del mundo. En este contexto, Dewey define la democracia como un modo de vida en asociación, mediante el cual se potencian las oportunidades conjuntas de comunicación. Para romper las barreras culturales y de clase, se requieren oportunidades de interacción a través de las diferencias como una experiencia consistente, ya que

> ...la mayor cantidad y variedad de puntos de contacto denota una mayor diversidad de estímulos a los que un individuo debe responder; en consecuencia, priorizan la variación en su acción. Garantizan la liberación de poderes que permanecen reprimidos mientras la invitación a la acción sea parcial, como sucede en un grupo que, en su exclusividad, excluye muchos intereses. (1916, p. 87).

Freire también comparte esta idea de las escuelas como aprendizajes en democracia. En *Education for Critical Consciousness* (*La educación como práctica de la libertad*), Freire (1978) señaló el "hábito de sumisión" que impide a las comunidades culturales subordinadas integrarse en la sociedad en general, y consideró que los resultados de las oportunidades no desarrolladas para el pensamiento crítico son un fenómeno de dependencia socialmente condicionada y una falta de experiencia con la participación en el proceso democrático. Esto es significativo, ya que solo a través de la participación en un clima educativo en el que se fomenta el diálogo abierto, los estudiantes pueden desarrollar las habilidades para la interacción democrática crítica con su mundo y un sentido genuino de participación en una vida democrática común. Es precisamente por esta razón que Freire argumentó que sin diálogo, el autogobierno no puede existir, ya que la conciencia creativa libre que resulta del diálogo es indispensable para entornos auténticamente democráticos. Además, la democracia genuina exige diálogo, participación, responsabilidad social, claridad política y solidaridad.

La capacidad de un estudiante para participar y dialogar en el aula y, como resultado, participar en un proceso social democrático en el mundo, también está estrechamente relacionada con el desarrollo de la voz; es decir, la voz en relación con las diversas maneras en que los estudiantes participan activamente en el diálogo e intentan hacerse oír y comprender, así como la manera en que se definen como seres sociales. Para Giroux, el concepto de voz

> …representa las instancias únicas de autoexpresión mediante las cuales los estudiantes afirman sus propias identidades de clase, cultura, raza y género. La voz de un estudiante está necesariamente moldeada por su historia personal y su compromiso vital distintivo con la cultura circundante. La categoría de voz, entonces, se refiere a los medios a nuestra dis-

posición –los discursos disponibles– para hacernos entender y escuchar, y para definirnos como participantes activos en el mundo. (1988b, p. 199).

Esta comprensión crítica de la voz estudiantil es fundamental para la lucha por la democracia cultural y la igualdad en el aula, y en particular en lo que respecta al desarrollo de la voz en estudiantes de comunidades subalternas. El vínculo entre cultura y poder en este contexto conduce a la legitimación de discursos estudiantiles específicos o bien como verdades aceptables o como falacias rechazadas y, en tanto tales, determinar quién habla y quién es silenciado en el aula. Cuando los estudiantes subalternos son silenciados constantemente durante su escolarización, a menudo quedan atrapados en aulas con docentes que no solo les impiden expresarse, sino que también frustran su comprensión orgánica y contextual de cómo lo que aprenden puede utilizarse para transformar sus vidas. Es así como se les condiciona a un estado de dependencia de un sistema racializado sobre el que no pueden influir, porque carecen de las habilidades críticas y del empoderamiento social y personal necesarios para hacer oír sus necesidades, intereses y preocupaciones. Esto, a su vez, conduce al aislamiento social, negando la posibilidad de que se desarrolle un verdadero proceso de democracia.

Para que cualquier forma de democracia cultural se desarrolle en la vida del alumnado subalterno, la cultura del aula debe ofrecer las condiciones necesarias para que se expresen sus voces y prevalezca la ciudadanía activa. El profesorado debe cultivar entornos de clase democráticos que eviten el silenciamiento del alumnado y, en cambio, aprovechen y afirmen aquellos aspectos de las historias y experiencias del alumnado subalterno profundamente arraigados en sus propias comunidades culturales. Según Giroux, ello

> ...supone la responsabilidad pedagógica de intentar comprender las relaciones y las fuerzas que influyen en el alumnado fuera del contexto inmediato del aula... desarrollar currículos y prácticas pedagógicas en torno a las tradiciones, historias y formas de conocimiento de la comunidad que a menudo se ignoran en la cultura escolar dominante. (1988b, pp. 199-201).

Esto nos recuerda la importancia de crear condiciones donde todo el alumnado tenga la oportunidad de dialogar entre sí, superando sus diferencias, compartiendo sus historias y luchando juntos de maneras que fortalezcan –en lugar que debiliten– sus posibilidades de participación en la vida culturalmente democrática.

Con todo esto en mente, para promover la democracia cultural en el aula son fundamentales los temas de participación estudiantil, solidaridad, interés común y desarrollo de la voz (hooks, 1989; 1994). No basta con centrarse únicamente en factores culturales o cognitivos específicos o en cuestiones de contenido curricular. Esto no significa que dichos aspectos no sean vitales para una pedagogía culturalmente democrática, sino más bien queremos enfatizar que por sí solos no garantizan necesariamente un entorno democrático. Para que los estudiantes subalternos se vuelvan competentes en el proceso democrático, deben encontrar las condiciones para experimentarlo, vivirlo activamente, a medida que se convierte gradualmente en parte de su historia personal. Pero ello solo puede lograrse dentro de un entorno educativo culturalmente democrático, donde los estudiantes puedan participar activa y libremente, y donde reciban el apoyo y el estímulo para desarrollar sus voces y aplicarlas a su empoderamiento y emancipación colectivos. El proceso de despertar la voz subalterna requiere una pedagogía culturalmente democrática anclada en principios críticos, que apoye a los estudiantes a expresar las verdades que dan forma a su vida diaria, los prepare críticamente para involucrarse abiertamente en su mundo y apoye las condiciones para el desarrollo de la conciencia liberadora.

Una perspectiva crítica de la educación facilita profundamente la atención de las necesidades del alumnado subalterno, ya que las cuestiones integrales de política cultural, economía, historia, ideología, hegemonía, dialéctica, contrahegemonía, diálogo y concientización son principios centrales de dicha perspectiva (Darder,

2002; 2012; Darder *et al.*, 2009). Junto con una comprensión de la democracia cultural, la reinvención de los principios educativos críticos sienta las bases para una práctica liberadora de la educación culturalmente democrática, un enfoque que puede preparar genuinamente al alumnado subalterno negro, latino, asiático, nativo americano, musulmán y de otros grupos étnicos en Estados Unidos y en otras partes del mundo, para convertirse en agentes transformadores en su mundo, tanto para sí mismo como individuo, como colectivamente para sus comunidades.

Una pedagogía culturalmente democrática ofrece la posibilidad de un discurso de esperanza ante las tensiones, conflictos y contradicciones que enfrentan los estudiantes de comunidades culturalmente subordinadas en su proceso de formación intelectual. Una práctica docente basada en un marco culturalmente democrático de la educación crítica prepara al profesorado para ofrecer a los estudiantes subalternos numerosas oportunidades para explorar su mundo, mientras buscan comprender cómo la cultura dominante afecta sus vidas y su visión de sí mismos como seres humanos. Desde esta perspectiva educativa, los estudiantes pueden acceder a una formación intelectual humanizadora e integral, preparándolos para abrazar la vida desde una visión colectiva íntima, en lugar de una pesadilla aislante y alienante. Además, al apoyar el desarrollo de su voz y criticidad, los estudiantes subalternos se inician en dinámicas democráticas que sustentan su capacidad de resistir prácticas y políticas que socavan su libertad de estar en las escuelas y en la sociedad en general. A través de su creciente conciencia política sobre la hegemonía y la invasión cultural, los educadores críticos pueden crear entornos culturalmente democráticos que ayuden a los estudiantes a identificar las diferentes maneras en que la dominación y la opresión impactan su comprensión del mundo. Como participantes en el diálogo, los estudiantes examinan y comparan juntos el contenido de los textos curriculares con sus propias historias personales y culturales de supervivencia y, al hacerlo, comprenden su papel como agentes sociales de cambio. De esta manera, los estudiantes subalternos experimentan la democracia como una realidad vivida en su vida de aula, mientras aprenden y construyen, juntos, conocimiento a través de un sentido culturalmente diverso de solidaridad y bien común.

Una pedagogía culturalmente democrática también crea las condiciones para que los estudiantes subalternos desarrollen la valentía de cuestionar las estructuras de dominación que controlan sus vidas. De esta manera, despiertan su voz subalterna al participar en momentos de reflexión, crítica y acción junto con otros estudiantes que también experimentan el mismo proceso de descubrimiento. Por lo tanto, no solo se les proporciona contenido curricular considerado culturalmente relevante o instrucción lingüística en sus lenguas maternas, sino que participan activamente en el análisis crítico del contenido curricular, y de los textos y experiencias en el aula, para determinar los valores emancipadores, así como los opresivos y contradictorios, que informan sus pensamientos, actitudes y comportamientos. A través de este proceso pedagógico crítico, los estudiantes subalternos desarrollan sus habilidades para comprender sus vidas como seres culturales y políticos, así como para comprenderse a sí mismos como sujetos de la historia y ciudadanos culturales del mundo.

Para que los estudiantes subalternos tengan éxito académico, sus docentes deben incorporarse al aula con un compromiso emancipador para trabajar por la transformación de las estructuras y relaciones opresivas tradicionales en y de las escuelas públicas convencionales. Este compromiso de mente, cuerpo, corazón y espíritu también implica la disposición a colaborar con estudiantes y padres de comunidades culturalmente subordinadas para crear condiciones descolonizadoras en el aula, de modo que los estudiantes no solo se sientan bienvenidos y en casa, sino que también encuentren el espacio y el apoyo necesarios para convertirse, como propuso Freire (1970), en seres para sí mismos. Para que los docentes creen entornos de aula que satisfagan las necesidades pedagógicas y sociales de los estudiantes subalternos, se requiere una pedagogía culturalmente democrática que abarque los siguientes principios:

1. Que se base en una teoría crítica de la democracia cultural.

2. Que apoye una visión dialéctica y contextual del mundo; en particular en lo que se refiere a la noción de subordinación cultural en la vida de las comunidades subalternas.

3. Que reconozca y aborde formas específicas de invasión cultural y su impacto en la vida de los estudiantes subalternos y sus familias.

4. Que utilice un modelo dialógico crítico de comunicación que cree las condiciones para que los estudiantes subalternos desarrollen su voz mediante oportunidades para reflexionar, criticar y actuar en su mundo, con el fin de transformarlo.

5. Que reconozca abiertamente la cuestión del poder en la sociedad y la naturaleza política de la educación.

6. Que asuma un compromiso con la liberación y el bienestar de todas las personas.

Más allá de estos principios, la tarea sigue siendo considerar cómo los docentes pueden crear las condiciones para la democracia cultural en el aula y explorar

algunas de las maneras en que los principios mencio-
nados puedan manifestarse en el trabajo de los educadores críticos. Lo que llevamos señalado ha de servir
para proporcionar un ancla teórica desde la cual podamos avanzar para entender mejor cómo estos conceptos
pueden nutrir una pedagogía culturalmente democrática.

Capítulo 2

Hacia una pedagogía culturalmente democrática

> *La solución no es integrarlos a la estructura de opresión, sino transformarla para que puedan convertirse en seres por sí mismos.*
>
> *Paulo Freire (1970)*

La pedagogía cultural democrática en el aula no puede discutirse al margen de las dimensiones teóricas y las condiciones materiales que posicionan al profesorado en su práctica educativa. Es decir, la democracia cultural no solo debe ubicar al alumnado subalterno y a su profesorado en un contexto histórico y cultural, sino que también debe abordar cuestiones relacionadas con la agencia[4] moral y política en el proceso de su escolarización y en el transcurso de su vida cotidiana. Esto sugiere que las prácticas y los currículos en el aula no pueden instrumentalizarse ni preconfigurarse, sino que deben alinearse críticamente con los principios culturalmente democráticos, como se mencionó anteriormente.

---

4   El concepto inglés de *agency* que viene en el texto original, ha de entenderse aquí como la capacidad de un individuo de tomar decisiones y actuar (N. del E.).

Esta perspectiva es coherente con Freire (1970) y otros teóricos de la educación crítica, quienes expresan enfáticamente que ninguna pedagogía liberadora puede existir como una receta para la práctica en el aula. Por el contrario, los principios pedagógicos críticos tienen como único propósito proporcionar una guía que apoye al profesorado en su reflexión y en su interacción con las fuerzas institucionales dominantes que determinan las realidades de sus aulas. Inspirados por esta tradición, los enfoques culturalmente democráticos no pueden ser manuales de instrucciones, sino comprensiones fundamentadas que ayuden al profesorado a interpretar las condiciones de su trabajo e identificar las situaciones límite (Freire, 1970) a través de las cuales se pueden desarrollar intervenciones emancipadoras. Una de las razones más importantes para ello es que las prácticas educativas liberadoras deben surgir de las relaciones contextuales definidas por las condiciones existentes en un momento dado. Dicha práctica

> …es fundamentalmente contextual y condicional… [y] solo puede discutirse concretamente desde un punto de vista práctico específico, desde un tiempo y lugar específicos, y dentro de un tema específico. (Simon, 1988, p. 1).

Los esfuerzos por instrumentalizar u operacionalizar una pedagogía culturalmente democrática fuera del contexto en el que debe funcionar, no lograrán integrar los principios históricos, culturales y dialógicos esenciales para los entornos de aprendizaje crítico. Además, este enfoque ignora que, antes del desarrollo de la práctica docente, existen supuestos culturales e ideológicos que determinan cómo los educadores definen el propósito de la educación, su rol y el de sus estudiantes. La creencia conservadora de que los docentes deben contar con un currículo predefinido para asegurar su éxito los convierte en agentes pasivos de su labor y no reconoce su potencial creativo para abordar una multiplicidad de problemas en sus aulas y para configurar eficazmente entornos basados en las necesidades reales de sus estudiantes.

Desafortunadamente, los programas de formación docente son conocidos por reducir el rol de los docentes al de meros técnicos o autómatas. En ningún otro ámbito se ha observado esto con mayor claridad que en el contexto de aprendizaje virtual de la educación en línea durante la pandemia. En lugar de empoderar a los docentes jóvenes ayudándolos a desarrollar una comprensión crítica de su propósito como educadores, la mayoría de los programas han fomentado la dependencia de currículos predefinidos o prescritos, estrategias y técnicas de aula obsoletas y entornos de aula tradicionalmente rígidos que mantienen no solo a los estudiantes, sino también a los docentes, en condiciones de escolarización física e intelectualmente opresivas. Esto ocurre con tanta frecuencia en comunidades subalternas, en particular, que pocos docentes son capaces de visualizar su práctica fuera del ámbito de aulas vacías, paquetes de instrucción sin vida, libros de texto insulsos, conocimientos estandarizados y el uso de sistemas meritocráticos para la evaluación del desempeño estudiantil. En última instancia, condiciones como estas sirven para desempoderar tanto a docentes como a estudiantes.

En contraste, los entornos de enseñanza cultural-mente democráticos denuncian el rol de los docentes como técnicos; apoyándolos para que luchen contra la dependencia de las relaciones y los materiales tradicio-nales del aula. Este es un paso esencial si los docentes quieren crear las condiciones para que los estudiantes de comunidades subalternas descubran su potencial y les permitan interactuar con lo que saben que es su mundo. Además, esto es importante porque los valo-res emancipadores que apoyan la diferencia cultural, la lucha social y los derechos humanos suelen estar ausentes de los materiales curriculares estandarizados que los docentes se ven obligados a usar en la mayoría de las escuelas públicas. Esto se ha acentuado aun más a medida que las políticas neoliberales de pruebas de rendición de cuentas y de enseñanza para la prueba-test[5] se han vuelto comunes en las comunidades pobres, de clase trabajadora y racializadas. De manera similar,

---

5 El concepto en inglés es *teaching for the test*. (N del E.).

en el contexto de la pandemia, las prácticas de enseñanza en línea instrumentalizadas han dejado la condición educativa que experimentan los estudiantes de comunidades culturales subalternas más alienada y desigual que nunca.

A pesar de la retórica educativa, ya sea liberal o conservadora, de justicia social o de celebración de la diversidad, un enfoque culturalmente democrático sigue siendo un discurso ausente en la formación y la práctica de la mayoría del profesorado. Por lo tanto, el conocimiento y la sabiduría vinculados a las experiencias subalternas rara vez se integran en el aula. En cambio, estas experiencias permanecen, en su mayoría, ocultas en los silencios reforzados de la escolarización hegemónica. Dado el impacto colonizador de la invasión cultural en la educación, cualquier intento por sentar las bases críticas para una educación culturalmente democrática debe cuestionar los valores, creencias y prácticas culturales y de clase hegemónicas en la escuela que perpetúan la dominación cultural y lingüística, basándose, por ejemplo, en el color de la piel o en la lengua materna del alumnado. Si bien estos representan solo dos formas de exclusión social, comprender cómo la cultura dominante perpetúa un proceso de racialización y dominación lingüística, junto con su impacto debilitador en la formación intelectual del alumnado de comunidades subalternas, es un punto de partida importante para que los educadores implementen eficazmente una praxis de democracia cultural que apoye su resistencia, así como el desarrollo de su sentido crítico y su conciencia social.

El proceso de racialización

El proceso de racialización constituye una de las formas más virulentas de opresión humana que existen en las sociedades (Darder & Torres, 2004) y, sin embargo, parece ser uno de los más difíciles de comprender para los individuos de la cultura dominante. A menudo, la dificultad surge de las percepciones y suposiciones erróneas que persisten desde la perspectiva profundamente hegemónica de la cultura dominante de las instituciones. Además de los valores etnocéntricos, gran parte de la dificultad se relaciona con las ideas generalizadas y opresivas sobre la raza y las significaciones fenotípicas relacionadas con el color de la piel u otras expresiones externas de la diferencia cultural (Miles, 1993). A ello hay que sumar una cosmovisión modernista colonizadora que distorsiona sistemáticamente la capacidad de quienes pertenecen a la cultura dominante para pasar de una percepción individual de sesgo y prejuicio a una comprensión del racismo y el proceso de racialización como un fenómeno estructural asociado con el poder y el control institucional. Esto es particularmente cierto cuando las cuestiones de desigualdades culturales están indeleblemente ligadas a la opresión de clase. Sin embargo, la capacidad de comprender el racismo como un fenómeno institucional es esencial para la lucha contra los procesos racializadores de invasión cultural asociados con la opresión material, política y social de las poblaciones subalternas (McCarthy *et al.*, 2005).

El etnocentrismo se define aquí como la creencia en la propia raza, nación o cultura como superior a todas las demás (Parker, Deyhle & Villenas, 1999; Knowles & Prewitt, 1969). La supremacía blanca es una consecuencia común de dicha creencia, manifestada por el establecimiento de estándares de comportamiento mediante los cuales todo se juzga y compara. Esto nuevamente refleja la división abismal discutida antes. Los estándares, basados en supuestos implícitos de la cultura dominante, conservan el poder dentro de las sociedades culturalmente diversas, de modo que invisibilizan el conocimiento y las historias de las poblaciones subalternas (Parker, Deyhle & Villenas, 1999; Phillips, 1979). El etnocentrismo prevalece en las visiones daltónicas que persisten en las escuelas hoy en día. Los fundamentos de la superioridad blanca de la élite, por ejemplo, silencian las voces de los estudiantes subalternos al ignorar o borrar sus historias vividas de opresión racializada. Por lo tanto, las suposiciones y supuestos racializados no examinados sobre el "otro", respaldan un currículo asimilativo oculto, practicado por la mayoría de los docentes, que a menudo no perciben el racismo inherente a sus tendencias a juzgar y comparar el éxito de los estudiantes subalternos con el de los estudiantes de la cultura y la clase dominantes.

Muchos docentes desconocen genuinamente las expectativas y procesos coercitivos y las prácticas cotidianas que quieren hacer ver claramente a los estudiantes racializados que, para "tener éxito", deben aceptar los valores culturales dominantes como propios. De manera similar, los docentes bienintencionados a menudo afirman que creen que "todas las personas son iguales", sin reconocer ni las principales diferencias culturales en funcionamiento, las distintas historias de supervivencia, ni el sistema de privilegio cultural o racializado que se promulga en las escuelas. La consecuencia más perjudicial es que, en el proceso, los docentes no ven que los estudiantes subalternos ya poseen valores culturales, sabiduría ancestral y conocimiento comunitario esenciales no solo para su aprendizaje, sino también para su supervivencia, dadas sus historias de lucha frente a las persistentes condiciones de desigualdad material y exclusión social. Los docentes que, por ejemplo, defienden el currículo de la cultura dominante a menudo también tienden a representar o interpretar las vidas de las comunidades subalternas de manera falsa. Por lo tanto, es muy probable que pasen por alto la esencia, los matices y las complejidades internas, la angustia y el estrés inherentes a la supervivencia en un mundo colonizador, invalidando así las necesidades pedagógicas reales del alumnado subalterno. Por ello, pueden, consciente o inconscientemente, rechazar las definiciones y significados culturales que expresan los estudiantes subalternos y, en consecuencia, vulnerar la autodeterminación, confianza y seguridad en su propia interpretación del mundo.

La incapacidad de la cultura dominante para aceptar como legítimas la percepción, los valores y las prácticas de las comunidades subalternas también se ve intensificada por las contradicciones reprimidas de la sociedad dominante. Esta dinámica está bien documentada a través de hechos históricos, que revelan que, a pesar de los principios propugnados de "justicia, libertad e igualdad para todos" en Estados Unidos, por ejemplo, todas las poblaciones subalternas han sufrido formas flagrantes de racismo (McCarthy *et al.*, 2005; Parker, Deyhle & Villenas, 1999; Torres, 2009). Los negros comparten una historia de esclavitud; los puertorriqueños, mexicanos y filipinos comparten una historia de colonización; los indígenas americanos comparten una historia de casi extinción; los chinos comparten una historia de explotación por mano de obra barata; y los japoneses comparten una historia de campos de retención[6]. Y, a pesar

---

6 Este texto se escribió antes de la política actual de la administración Trump en EE.UU. aplicada a través del Servicio de Inmigración y

del papel crucial que estos eventos han desempeñado en el desarrollo histórico y social de estas comunidades culturales, todos ellos han sido, en su mayor parte, marginados o blanqueados en los programas y libros de texto de estudios sociales tradicionales.

También debe distinguirse entre racismo individual e institucional, con respecto al poder colectivo utilizado para perpetuar la opresión social, política y económica entre las poblaciones subalternas. Kwame Ture y Charles Hamilton, al describir el racismo en la comunidad negra, señalaron:

> El racismo es tanto manifiesto como encubierto. Adopta dos formas estrechamente relacionadas: actos de individuos blancos contra negros y actos de la comunidad blanca en su conjunto contra la comunidad negra. A estos los llamamos racismo individual y racismo institucional. El primero consiste en actos manifiestos de individuos que causan muertes, lesiones o destrucción violenta de la propiedad. Este tipo puede ser grabado por cámaras de televisión; con frecuencia se observa en el proceso de comisión. El segundo tipo es menos manifiesto, menos identificable en términos de individuos específicos que cometen los actos. Pero no es menos destructivo para la vida humana. El segundo tipo se origina en la actuación de fuerzas establecidas y respetadas en

---

Control de Aduanas de Estados Unidos (ICE). (N. del E.).

la sociedad y, por lo tanto, recibe mucha menos condena pública que el primero. (1992, p. 4).

Ambas formas de racismo tienen sus raíces en prejuicios y estereotipos históricos perpetuados por la élite gobernante. Sin embargo, el racismo institucional es una forma de discriminación racial imbricada en las relaciones de poder, en los acuerdos sociales y en las prácticas mediante las cuales las acciones colectivas resultan en el uso de criterios racializados para determinar quién merece ser recompensado en la sociedad (Knowles & Prewitt, 1969). Esto solo puede ocurrir si se está respaldado por el poder institucional y la autoridad opresora de la cultura dominante. De esta manera, la dinámica del racismo institucional es similar a la del sexismo, la homofobia y el capacitismo[7], en el sentido de que es el poder institucional el que sustenta el control y la regulación social de las mujeres, las personas *queer* y las personas con discapacidad, particularmente en el contexto de las relaciones capitalistas de desigualdad.

Las formas institucionales de racialización constituyen algunas de las manifestaciones más generalizadas de estereotipos implícitos y explícitos de las comunidades subalternas. Los estereotipos de los grupos culturales subalternos reflejan prejuicios profundamente arraigados

---

7 Capacitismo o *ableism* en inglés significa la discriminación de seres humanos por algún tipo de diversidad o no capacidad física o mental. (N del E).

de la cultura dominante que justifican la perpetuación de las desigualdades políticas, sociales y económicas. A menudo, la persistencia y el desarrollo de estereotipos y caricaturas estereotipadas actúan históricamente como un barómetro cultural del proceso de racialización, revelando de forma sumamente evidente su utilidad para la clase dominante. Los estereotipos y representaciones racializadas alimentan profundas concepciones erróneas de las culturas subalternas como si fueran inferiores, estúpidas, indignas, sucias y violentas; representaciones que con frecuencia personifican a los estudiantes subalternos y sus comunidades como imágenes animalescas o deshumanizantes, lo que influye en el trato que reciben en las escuelas y la sociedad en general.

Lamentablemente, el proceso de racialización también se ha reflejado en las ciencias sociales tradicionales y la teoría educativa[8], así como en las actitudes y comportamientos sociales predominantes en los medios de comunicación. Aun más inquietante es la forma insidiosa en que el proceso de racialización puede afectar la percepción que los oprimidos tienen de sí mismos, ya que están sistemáticamente condicionados a identificarse con la supuesta superioridad de la cultura dominante mediante una visión internalizada de su propia

---

8   Una revisión histórica del impacto del racismo en las teorías de las ciencias sociales se encuentra en *The Mismeasure of Man* (*La falsa medida del Hombre*) (Gould, 1981).

deficiencia. Freire asoció esto con la invasión cultural, en el sentido de que

...para que la invasión cultural tenga éxito, es esencial que los invadidos se convenzan de su inferioridad intrínseca... Cuanto más se acentúa la invasión y los invadidos se alienan del espíritu de su propia cultura y de sí mismos, y más desean estos últimos ser como los invasores: caminar como ellos, vestirse como ellos, hablar como ellos. (1970, p. 161).

Sin embargo, también es importante que los educadores comprometidos con la democracia cultural reconozcan que, a pesar del amplio poder de la cultura dominante del estado capitalista, la hegemonía cultural rara vez puede obtener un control completo o absoluto sobre los grupos culturales subordinados. Gramsci (1971) argumentó que los seres humanos ven el mundo desde una perspectiva que contiene tanto formas hegemónicas de pensamiento como una visión crítica. Así, la conciencia contradictoria representa una forma de sentido común que tiene sus raíces en el folclore cultural, pero que al mismo tiempo se enriquece con ideas científicas y opiniones filosóficas que entran en la vida cotidiana. Como tal, la conciencia de las culturas subordinadas no puede equipararse a la simple pasividad o a características unidimensionales. En cambio, la conciencia subalterna debe reconocerse como un complejo arreglo de ideas y prácticas que, en un grado u otro, está activa en el mundo. Por lo tanto, sin duda, también existe una conciencia omnipresente de resistencia en la vida de las comunidades subalternas, que participa, consciente o inconscientemente, en una lucha constante contra las fuerzas sociales externas de dominación y las fuerzas internas que buscan la liberación. Con esto en mente, la capacidad del profesorado para problematizar críticamente el racismo dentro de su praxis culturalmente democrática sirve para apoyar al alumnado subalterno en el desarrollo de su capacidad de resistencia emancipadora.

Resistencia

La cuestión de la resistencia es esencial para los esfuerzos de justicia social en un contexto culturalmente democrático, ya que las formas de resistencia suelen ser expresadas por poblaciones subalternas, quienes deben sortear las fuerzas hegemónicas que operan en sus escuelas y sociedades. Ya sea que las fuerzas hegemónicas se manifiesten en las aulas, los medios de comunicación u otras instituciones públicas, la hegemonía misma debe ser constantemente defendida para mantenerse. Esto se debe a que la base sobre la que funciona la hegemonía debe cambiar constantemente para adaptarse a las circunstancias históricas cambiantes, las demandas complejas y las acciones críticas de los seres humanos (Aronowitz & Giroux, 1985). Esto se hace más evidente cuando los valores o ideologías opositoras de las culturas subordinadas resisten o desafían a la cultura dominante en un esfuerzo por romper con las condiciones opresivas que condicionan sus vidas. En tales momentos, la cultura dominante suele manipular o absorber las ideas opositoras para afianzar su hegemonía con mayor facilidad. En la era dorada del multiculturalismo, por ejemplo, las celebraciones del 5 de mayo[9] y del cumpleaños de Martin Luther King[10] en Estados Unidos fueron ejemplos claros de esfuerzos de oposición –destinados a resistir y hacer retroceder la invasión cultural– apropiados, de manera que se han despojado de toda intención revolucionaria.

Sin embargo, a pesar del control hegemónico, los miembros de culturas subalternas continúan resistiendo, en un esfuerzo por luchar por el poder y el control de su propio futuro. La resistencia puede entenderse como un espacio personal, en el que la lógica y la fuerza de la dominación se ven cuestionadas por el poder de la agencia subjetiva para subvertir el proceso de socialización. Vista así, la resistencia funciona como una forma de negación o afirmación que se antepone a los discursos y prácticas

---

9   El 5 de mayo se conmemora en EE.UU. la victoria del ejército mexicano sobre el ejército francés en la Batalla de Puebla en 1862. Actualmente se ha convertido en una fiesta nacional no oficial para celebrar la cultura mexicana en EE.UU. (N. del E.).

10 Desde 1986 se celebra en EE.UU., cada 15 de enero, el nacimiento de Martin Luther King Jr. como feriado federal. (N. del E.).

dominantes (Giroux, 1988a, p. 162). Sin embargo, los educadores también deben reconocer que la resistencia puede carecer de un proyecto político, reflejando en cambio respuestas informales, desorganizadas y apolíticas. Como esto sugiere, la resistencia en el aula puede manifestarse de maneras que favorezcan o perjudiquen a los estudiantes subalternos. En primer lugar, pueden participar en comportamientos de oposición que se resisten a los patrones culturales dominantes de conocimiento y poder que contradicen directamente sus experiencias vividas. En segundo lugar, los estudiantes subalternos pueden resistir inicialmente los esfuerzos de los docentes, incluso cuando estos buscan crear las condiciones para la democracia cultural en el aula. En tales momentos, el alumnado puede resistirse a las expectativas pedagógicas de que los estudiantes subalternos participen críticamente en una redefinición emancipadora del yo, y aferrarse inadvertidamente a la visión del mundo de la cultura dominante, aceptando nociones estereotipadas o deshumanizantes del yo. Es importante señalar que, debido a la naturaleza contradictoria del control hegemónico, los estudiantes subalternos exhibirán estas y muchas otras formas de resistencia en cualquier momento. Sea como sea, los docentes comprometidos con una sociedad culturalmente democrática han de reconocer la resistencia como una expresión humana significativa, a partir de la cual pueden surgir posibilidades emancipadoras.

Con esto en mente, en lugar de desanimarse por la resistencia estudiantil subalterna, Allman ha observado cuán profundamente diversos aspectos de la ideología o cultura dominante se arraigan en el pensamiento de los estudiantes subalternos.

Esto significa que inicialmente pueden rechazar la invitación, pero también que, incluso cuando aceptan, a varios miembros del grupo, en distintos momentos, les resultará extremadamente difícil y amenazante deshacerse de todo el sedimento. Marx lo llamó "lodo" que impide su humanización. (Allman, 2007, pp. 65-66).

Sin embargo, dentro de un proceso culturalmente democrático, los estudiantes subalternos pueden encontrar un espacio para utilizar la resistencia y lograr avances significativos que impulsen su empoderamiento. En esos momentos, resistir significa luchar contra la censura de la pasión y el deseo estudiantil. La resistencia también puede entenderse como

…un rechazo a la reformulación como objetos dóciles donde la espontaneidad se reemplaza por la eficiencia, en cumplimiento de las necesidades del mercado corporativo. (McLaren, 1998, p. 188).

Por lo tanto, muchas formas de resistencia de las poblaciones subalternas también se han manifestado históricamente en el terreno cultural de la lengua. A menudo, por ejemplo, la negativa de los estudiantes a aprender a leer y escribir constituye un acto de resistencia más que un acto de ignorancia, ya que los estudiantes subalternos pueden negarse, consciente o inconscientemente, a aprender los códigos y competencias culturales de la cultura dominante. Acertadamente, Freire y Macedo (1987) señalan que la lengua, como espacio de lucha, arroja luz sobre la manera en que las culturas subalternas han resistido la invasión cultural y, al hacerlo, ofrece una visión de la supervivencia de las poblaciones subalternas.

Racialización lingüística

La racialización lingüística se remonta a las prácticas políticas de los antiguos griegos, quienes clasificaban la capacidad de civilización de una población según la lengua hablada (Fredrickson, 2002). "Bárbaro", en la clasificación de la época, era un término racializado que señalaba la discriminación mediante el lenguaje, más que por rasgos fenotípicos. Por lo tanto, la dominación lingüística, representada mediante la racialización lingüística, es uno de los problemas más complejos y multifacéticos que el profesorado debe abordar en el curso de la práctica culturalmente democrática. La racialización lingüística se sustenta mediante un doble proceso. En primer lugar, la lengua del alumnado subalterno es sistemáticamente silenciada y despojada, mediante valores y creencias que la hacen inferior a la lengua oficial estándar. En segundo lugar, el proceso tradicional de alfabetización en las escuelas perpetúa la subordinación mediante un enfoque instrumental que desalienta la alfabetización en la lengua materna y, por ende, el desarrollo de la alfabetización crítica entre los estudiantes subalternos (Díaz-Soto & Haroon, 2010; Nieto, 2009; Cadiero-Kaplan, 2003). En consecuencia, muchos se ven obligados a lidiar con la negación institucional de su cultura y su lengua.

En muchas escuelas, a los estudiantes subalternos no solo se les desalienta, sino que se les impide activamente hablar su lengua materna. Los educadores justifican estas prácticas con la preocupación de que la lengua materna de los niños interfiera con su desarrollo intelectual, académico y emocional (Diaz-Soto & Haroon, 2010; Grande, 2004; Ramirez & Castaneda, 1974). En ocasiones, incluso donde existen programas bilingües, la racialización lingüística se refleja en las políticas escolares que exigen la rápida integración de los estudiantes (Darder & Uriate, 2011; Cadiero-Kaplan, 2003). Por lo tanto, los estudiantes subalternos se ven sometidos a prácticas lingüísticas colonizadoras asociadas con la invasión cultural. En el proceso, los niños subalternos son conducidos sin piedad a una cultura del olvido: espacios pedagógicos de educación bancaria (Freire,

1970) donde se espera que los estudiantes rechacen su lengua materna y adopten acríticamente el lenguaje hegemónico y el sistema cultural que se les impone. Las escuelas, como zonas de olvido cultural, rechazan violentamente las memorias invasoras de pertenencia, comodidad, seguridad y bienestar asociadas con la vida comunitaria del alumnado subalterno. La política del olvido cultural también contribuye a erosionar los lazos comunitarios y a despojar gradualmente al alumnado de los vínculos culturales íntimos y las historias vividas (Darder, 2012) que mejor pueden ayudarles a convertirse en sujetos críticamente alfabetizados y empoderados sobre sus propias historias (Freire & Macedo, 1987).

Las fuerzas hegemónicas de la opresión de clase y la invasión cultural convergen fuertemente en la dinámica de la racialización lingüística. El conjunto de valores y relaciones de poder que fundamenta la actual perspectiva neoconservadora sobre el bilingüismo es muy similar al de otros colonizadores europeos occidentales del pasado[11], quienes insistieron en que los niños colonizados recibieran educación en la lengua europea y, mediante este proceso, intentaron despojar a las poblaciones nativas que colonizaron de su integridad cultural e independencia (Darder & Torres, 2004). Por lo tanto,

---

11 Para un análisis de los efectos de la dominación lingüística en las poblaciones nativas colonizadas, véase *The Colonizer and the Colonized* (Memmi, 1991, pp. 104-11).

es crucial que los educadores reconozcan el papel que desempeña la lengua como uno de los transmisores culturales más poderosos y, como tal, su papel central tanto en la formación intelectual como en la supervivencia de las poblaciones subalternas. La supervivencia se utiliza aquí, ya que la lengua materna del estudiante contiene la codificación de experiencias vividas que proporcionan las vías culturales desde las cuales los estudiantes pueden expresar sus propias realidades y cuestionar el orden social en general. Asimismo, la lengua materna tiene una enorme importancia para el aprendizaje de los niños y las niñas y su sentido de intimidad, confianza y pertenencia, todos ellos vitales para la formación académica de los estudiantes subalternos (Delpit & Dowdy, 2002).

Preocupado por el impacto político de la lengua, Gramsci (1971) argumentó:

> Cada vez que, de una forma u otra, la cuestión de la lengua cobra protagonismo, significa que están a punto de surgir una serie de nuevos problemas: la formación y el crecimiento de la clase dominante, la necesidad de establecer relaciones más estrechas y sólidas entre los grupos dominantes y las masas populares nacionales, es decir, la reorganización de la hegemonía cultural. (Citado en Freire & Macedo, 1987, p. 150).

Por lo tanto, negar la lengua materna y sus posibles beneficios para el desarrollo de la participación y la voz de los estudiantes, constituye una forma de violencia psicológica y sirve para perpetuar el control social sobre los grupos lingüísticos subordinados. Ningún ejemplo es más conmovedor que la historia de los niños indígenas americanos, quienes se vieron obligados a abandonar a sus familias y su comunidad cultural en la reserva para asistir a escuelas públicas. Esta imposición forzosa de la lengua y la cultura del colonizador a los niños indígenas dejó un legado trágico de sufrimiento y alienación, cuyas consecuencias aún se sienten hoy en día en muchas comunidades tribales (Trafzer, Keller & Sisquoc, 2006).

La dominación lingüística silencia las voces de los estudiantes y limita gravemente su participación activa en la vida escolar. Con pocas oportunidades para dialogar, ampliar sus conocimientos previos o reflexionar sobre sus experiencias vividas, muchos estudiantes subalternos se ven abandonados a su suerte en los márgenes de la vida en el aula. La hegemonía lingüística dentro de las escuelas, en última instancia, obstaculiza la capacidad crítica de los estudiantes subalternos e impide el desarrollo de la agencia social necesaria para luchar eficazmente por su empoderamiento y liberación.

Como uno de los recursos humanos más importantes, no podemos abordar cuestiones de justicia social en la educación sin analizar críticamente la importancia pedagógica del lenguaje. El lenguaje sirve de múltiples maneras para afirmar, contradecir, negociar, desafiar, transformar y empoderar creencias y prácticas culturales. Constituye uno de los medios más poderosos para transmitir historias personales y sabiduría cultural, así como para reinventar nuestro mundo (Darder & Uriarte, 2011; Cronin, 2008; Darder, 2002; 2011; Bartolomé, 1994; 2000; Díaz-Soto, 1997; Smith, 1998; Freire & Macedo, 1987; Williams, 1975; Cole & Scribner, 1974). Es más, el lenguaje es esencial para el proceso de diálogo crítico, la producción de conocimiento y el desarrollo de posibilidades para crear un mundo socialmente justo y culturalmente democrático. Como tal, el lenguaje es un formidable terreno de lucha y central para la transformación de las prácticas educativas que históricamente han fallado a los estudiantes de comunidades subalternas.

Más allá de las tragedias de la diferencia

> *Pocas tragedias pueden ser más extensas que la limitación de la vida; pocas injusticias más profundas que la negación de la oportunidad de esforzarse o incluso de tener esperanza, por una limitación impuesta desde afuera, pero falsamente identificada como interna.*
>
> *Stephen Jay (1981)*

El análisis anterior ha señalado la trágica manera en que las percepciones distorsionadas de quienes se perciben como diferentes o inferiores se perpetúan en el aula y en la sociedad. Es precisamente en un esfuerzo por responder a estas condiciones de injusticia que ha surgido una política de democracia cultural, esencial para una visión descolonizadora de la justicia social y la educación. Un enfoque culturalmente democrático solo puede surgir en un contexto pedagógico donde el profesorado posea la claridad política, la coherencia y los recursos para afrontar las prácticas educativas injustas. Esto exige, como mínimo, un proceso de escolarización basado en un compromiso inquebrantable con la liberación. Aquí, las actividades en el aula no son solo momentos encapsulados en el tiempo, sino que se reconocen como procesos culturales profundamente conectados, vinculados a un proyecto político democrático más amplio. Desde esta perspectiva, el profesorado puede practicar una pedagogía culturalmente democrática como agente social empoderado de la historia, firmemente alineado con las luchas comunitarias por la transformación, mientras busca desafiar, redefinir y reinventar las prácticas y condiciones colonizadoras que interfieren con el desarrollo de la voz democrática, la participación y la solidaridad entre el alumnado subalterno. En solidaridad con colegas, padres, alumnos y comunidades, el profesorado puede descubrir la fuerza que genera la acción colectiva con propósito. De este modo, un proceso político afirmativo de lucha comunitaria les apoya para superar las prácticas culturales injustas dentro de las escuelas. Es, en parte, este compromiso de actuar en aras de la libertad y la justicia social lo que también ofrece un poderoso ejemplo para que el alumnado, en particular el de comunidades subalternas, desarrolle su autodeterminación, su potencial de transformación social, su capacidad política y su firme espíritu de esperanza.

Este espíritu emancipador de esperanza también encarna la fe en la capacidad de los seres humanos para transformar las condiciones opresivas y deshumanizantes que nos desconectan, fragmentan y alienan. Fundamentada en una visión colectiva de liberación, la práctica de principios culturalmente democráticos ilumina maneras creativas de ampliar las oportunidades para que los estudiantes subalternos se conviertan en seres sociales auténticos, coherentes e integrales, a pesar de las limitaciones de los currículos tradicionales y las desigualdades sociales que persisten (Darder, 2002). A través de este proceso, se anima a los estudiantes subalternos a cuestionar los conflictos, las contradicciones, las disyunciones y la parcialidad de las formas de conocimiento, también en sus propias vidas. Los educadores que practican la democracia cultural en sus aulas apoyan y desafían a los estudiantes subalternos a luchar juntos, para que puedan llegar a conocer todas las posibilidades que tienen a su disposición como ciudadanos culturales. Es precisamente a través de este proceso de empoderamiento que profesores y estudiantes pueden avanzar juntos en solidaridad a través del terreno de las diferencias culturales, forjando una praxis viva de democracia cultural que los abra a interactuar libremente con el poderoso conocimiento oculto en nuestras complejidades humanas.

Capítulo 3

Enfrentando los límites curriculares de la modernidad

Aunque la modernidad siempre se percibe y se comporta como "joven", ha envejecido y se enfrenta a su fin.

Vanessa Machado de Oliveira (2021)

Al considerar las condiciones que existen en todo el mundo, lo que se ha vuelto cada vez más evidente es la insostenibilidad y la irracionalidad sin precedentes del mundo actual. El mundo en el que vivimos la mayoría ha surgido directamente de la codicia y la impunidad asociadas con los principios de la modernidad; principios que defienden ferozmente las estructuras del patriarcado, la colonización y el capitalismo a pesar de las proclamas progresistas en contra. Mi objetivo aquí es analizar brevemente los patrones institucionales relacionados con el currículo que se encuentran arraigados en la lógica de la modernidad; patrones que camuflan, niegan y refutan una cosmovisión que sustenta el empobrecimiento de la mayor parte de la población mundial. Esto habla de las condiciones generadas por un sistema global insostenible de explotación humana y extracción de recursos. Inherente a este análisis es la propia naturaleza *epistemicida* del currículo –sus teorías, investigación, diseño y desarrollo–, lo que sienta las bases para principios de escolarización enmarcados en la lógica de la modernidad, la cual, como veremos más adelante, constituye una división abismal (Santos, 2007a). Esta razón divisiva normaliza, disciplina, condiciona, oprime y anestesia a los estudiantes en todos los niveles de la empresa para que perciban las injusticias sociales, el apartheid epistemológico y el sufrimiento humano como fenómenos de sentido común, a la vez que deshumaniza y culpabiliza a los oprimidos de sus propias desgracias.

Fundamental para este debate son las maneras en que los patrones curriculares, moldeados por la lógica *epistemicida* de la modernidad, no han logrado crear las condiciones para el desarrollo pleno del potencial del alumnado; en particular, del alumnado de clase trabajadora y racializado. Así, si bien algunos argumentan que la educación ha logrado avances significativos en términos de accesibilidad y difusión del conocimiento a nivel mundial, las estructuras, políticas y prácticas escolares colonizadoras han puesto sistemáticamente un énfasis excesivo en la estandarización del conocimiento dominante y la uniformidad de procesos, procedimientos y resultados, en sintonía con el avance del capitalismo. Tras esta flagrante falacia de la uniformidad como garantía de la igualdad se esconde la negativa sistemática a reconocer la imposibilidad de políticas sociales que impidan el acceso justo.

Además, las políticas y prácticas discursivas de igualdad, insertas en estructuras curriculares inequitativas, solo sirven para multiplicar las desigualdades y las injusticias sociales. Este enfoque, impulsado principalmente por la focalización en el individualismo, la competencia, la eficiencia, la meritocracia y la rendición de cuentas, no ha logrado abordar las necesidades colectivas más amplias del alumnado ni su formación como ciudadanos culturalmente democráticos. Al centrarse únicamente en resultados mensurables e hipertrofiar las necesidades individuales en lugar de las necesidades sociales colectivas, como ha sido tan frecuente en las últimas cuatro décadas de gobierno neoliberal, las instituciones educativas occidentales han descuidado la formación democrática crítica del alumnado, priorizando la instrumentalización y la mercantilización de la producción de conocimiento. Bajo el auspicio de la modernidad, las estructuras educativas, incluyendo las de desarrollo curricular, constituyen el laboratorio a través del cual se han desarrollado y legitimado las formas reguladoras del conocimiento y la producción cultural.

Este enfoque estrecho ha limitado las capacidades de los maestros, estudiantes, padres/madres y de la comunidad para participar en prácticas transformadoras y emancipadoras efectivas, que son tan esenciales para desafiar las estructuras sociales opresivas y fomentar prácticas institucionales que generen justicia social, derechos humanos colectivos y democracia económica. En consecuencia, la recopilación incesante de datos y la expansión de los regímenes de rendición de cuentas meritocráticos sustituyen la participación crítica en las preocupaciones reales que dan forma a las experiencias de los estudiantes en el aula, en particular de los estudiantes racializados de la clase trabajadora. Esto señala la perpetuación de un currículo epistemicida que elude demasiado rápidamente las cuestiones de criticidad (Paraskeva, 2011). Dentro de tal contexto, las condiciones problemáticas de nuestro mundo son fácilmente eludidas u oscurecidas a pesar de la creciente represión de los derechos democráticos; el aumento de la pobreza en medio de la acumulación obscena de riqueza; una nación perpetuamente en guerra; el caos ambiental; la proliferación de tiroteos policiales contra jóvenes de color; las olas masivas de inmigración que se abordan de manera inhumana; el encarcelamiento sin precedentes de las poblaciones subalternas; y los ataques sancionados por el Estado contra la educación pública por parte de multimillonarios irresponsables, fundaciones corporativas y medios de comunicación (Burns, 2015).

Nuestro trabajo debe, entonces, abarcar perspectivas interdependientes y multidimensionales que aborden de manera más sustancial las condiciones asociadas con las dimensiones sociales, materiales, emocionales y espirituales de nuestra humanidad compartida. Este enfoque integral puede ayudarnos a romper con la prisión ideológica de la modernidad, de manera que podamos aclarar qué significa enseñar para *el fin del mundo tal como lo conocemos*. Esto también implica reflexionar sobre lo que implica enseñar en medio de un proceso de transición caótica, a la vez que nos preparamos a nosotros mismos, a nuestros estudiantes y a nuestras comunidades de maneras que nos ayuden a abrazar nuevas posibilidades sobre cómo definiremos la humanidad, la educación, la justicia y la existencia colectiva en los años venideros. Ello implica una pedagogía itinerante no derivativa (Paraskeva, 2016) para "no descubrir lo que somos, sino rechazar lo que somos" (Foucault, 1980, p. 216). En esencia, todo esto habla de un proceso curricular de desaprendizaje de nociones opresivas y condicionadas del aprendizaje y la existencia en el mundo, a la vez que abarca la multidimensionalidad de la vida y la interdependencia e inseparabilidad de nuestra humanidad.

Lo que Machado de Oliveira (2021) deja dolorosamente en claro es que este proceso no puede llevarse a cabo eficazmente sin esfuerzos reflexivos para desmitificar los valores de la modernidad; algo que requiere de todos nosotros y nosotras un examen crítico de los supuestos, las dinámicas de poder y las consecuencias de la modernidad. Al nombrar, desafiar y deconstruir los mecanismos y relaciones institucionales que perpetúan la reproducción ideológica del aparato arraigado de la modernidad, los paradigmas anticoloniales y decoloniales pueden desplegarse orgánicamente de manera que nos ayuden a cambiar nuestra conciencia colectiva hacia un futuro más justo.

Desmitificando la modernidad

> *Una visión crítica y dinámica del mundo se esfuerza por desvelar la realidad, desenmascarar su mitificación y lograr la plena realización de la tarea humana: la transformación permanente de la realidad en favor de la liberación de las personas.*
>
> *Paulo Freire (1970)*

Ya sea que examinemos los niveles de creciente desigualdad económica en el mundo, las olas masivas de inmigración, pronostiquemos futuras pandemias, el resurgimiento de nacionalistas y populistas peligrosos con impulsos abiertamente eugenésicos, o evaluemos el impacto devastador del cambio climático, lo que se observa cada vez más es la destrucción del contrato social liberal del pasado, reflejada en el deterioro del poder de la sociedad civil, incluyendo las relaciones humanas en todos los niveles. Al respecto, Fraser (2013) ha argumentado que el contrato social, que establece los derechos y responsabilidades entre los ciudadanos y el Estado, se ha erosionado en la sociedad contemporánea. El auge del neoliberalismo (como expresión global del capitalismo avanzado) y su priorización por las fuerzas del mercado, han contribuido a dividir y agravar la falta de solidaridad colectiva, ampliando las desigualdades sociales en todo el mundo. De igual manera, la proliferación global de la educación occidental no ha sido la gran panacea, ya que

> ...el mundo tiene mayor acceso a oportunidades de educación formal que nunca, pero muchos de los beneficios individuales y colectivos que promete la educación están cada vez más lejos de nuestro alcance. (Toukan, 2023, p. 1).

Y, a pesar de los signos inminentes de colapso social, las instituciones del siglo XXI siguen siendo aparatos normativos y disciplinarios (Foucault, 1980) que bloquean cualquier praxis antidialéctica (Deleuze, 1989) y emancipadora (Santos, 2014; 2018) y se adhieren obstinadamente a una lógica de modernidad: una lógica debilitante de consolidación de poder y acumulación material que nos ha condicionado a todos a acaparar tanto como sea posible, en lugar de enfrentar los traumas personales, relacionales, estructurales y espirituales más profundos que incapacitan y perturban las posibilidades de una vida democrática genuina.

Para desmitificar la modernidad, debemos cuestionar sistemáticamente sus fundamentos, desafiar sus normas establecidas y desestabilizar las estructuras de poder imperantes que perpetúan su lógica engañosa de avance y progreso humano. Con este fin, Machado de Oliveira y otras han argumentado que la monotonía de la modernidad ha sido esencial para justificar estructuras institucionales que, consciente o inconscientemente, perpetúan la pobreza, el racismo, el sexismo y otras formas brutales de desigualdad en todo el mundo. Además, no podemos negar el papel de la modernidad en la propagación de iniciativas gubernamentales y políticas y prácticas empresariales de expropiación, extracción, explotación, militarización, despojo, indigencia, genocidios y ecocidios en todo el mundo. A nivel internacional, se ha reforzado un sistema de dominación económica del Norte Global sobre el Sur Global, en el que la mayor parte de la riqueza del Norte Global ha proliferado y se ha mantenido

> …mediante procesos históricos y sistémicos de explotación, extracción de recursos, apropiación de tierras, comercio injusto, deuda forzada y ayuda atada y vinculada. (Machado de Oliveira, 2021, p. 67).

En Estados Unidos, esto se hace evidente en las formas en que las poblaciones oprimidas son sistemáticamente organizadas y desposeídas (o "planificadas", particularmente en contextos urbanos) mediante políticas y prácticas que producen y reproducen desigualdades sociales y materiales en materia de vivienda, trabajo, educación, atención médica y transporte, junto con uno de los sistemas de encarcelamiento racializado más grandes y brutales del mundo. Las condiciones vinculadas al apartheid económico global deben reconocerse, por lo tanto, como parte de un proyecto político estructural y epistémico más profundo que configura las condiciones de vida de las personas, tanto a nivel nacional como internacional. Por lo tanto, lo que sucede localmente en las escuelas y comunidades siempre está conectado con fuerzas estructurales internacionales relacionadas con el trabajo y el mercado, fuerzas generalmente eclipsadas por la retórica mítica de la modernidad. Y a pesar de los numerosos avances sociales y tecnológicos del último siglo, la humanidad sigue profundamente dividida entre los que tienen y los que no tienen. La humanidad tal como la conocemos solo es posible a través de su subhumanidad (Santos, 2014). La mayoría de los países del mundo se rigen por la ley del lucro y la avaricia, que normaliza la precariedad económica generada por la anarquía financiera de los ricos y poderosos. Por lo tanto, la lógica de la modernidad refuerza amplios controles sobre la internacionalización del capital, así como restringe la cultura de la producción de conocimiento, que sustenta la concentración de poder y riqueza en un porcentaje muy pequeño de la población mundial. El culto neoliberal al lucro por encima de las personas (Chomsky, 1999), más que simplemente consolidar y agravar la pobreza de la clase trabajadora, desencadena la formación de una nueva clase: el precariado (Paraskeva, 2024).

Durante la última década, diversos informes de Oxfam[12] han expuesto datos impactantes sobre la pobreza mundial. Ocho hombres poseen más riqueza que 3.600 millones de personas (es decir, la mitad de la población mundial). La riqueza colectiva de los cinco hombres más ricos del mundo se duplicó con creces entre 2020 y finales de 2023, pasando de la ya asombrosa cifra de 405.000 millones de dólares a 869.000 millones[13]. El 1% más rico posee más del doble de riqueza que 6.900 millones de personas. Mientras tanto, la pobreza sigue teniendo consecuencias devastadoras para más de 700

---

12 Oxfam es una confederación internacional de organizaciones no gubernamentales que trabajan en más de 77 países para combatir la pobreza, la desigualdad y la injusticia social. Su nombre proviene del "Oxford Committee for Famine Relief", fundado en 1942 en el Reino Unido. Véanse: <https://www.oxfam.org/en/5-shocking-facts-about-extreme-global-inequality-and-how-even-it>, <https://www.oxfam.org/en/press-releases/just-8-men-own-same-wealth-half-world>. En castellano puede verse: <https://www.oxfam.org/es/informes/el-saqueo-continua-pobreza-y-desigualdad-extrema-la-herencia-del-colonialismo>. (N. del E.).

13 Véase: <https://www.oxfamamerica.org/explore/research-publications/inequality-inc/>. (N. del E.).

millones de personas que viven en la pobreza extrema. En Estados Unidos, datos muestran que el 10% más rico de la población posee el 70% de la riqueza del país[14]. Además, la Oficina del Censo de los Estados Unidos informa que más de 40 millones de personas en los Estados Unidos viven en la pobreza, incluyendo un niño de cada seis. La creciente desigualdad de ingresos y la combinación tóxica de exenciones fiscales para los ricos, desempleo y empleo inestable, endeudamiento creciente y recortes devastadores a la red de seguridad social, no sólo han servido para arruinar las promesas de equidad promocionadas en las instituciones educativas, sino también para dejar en claro que la modernidad está realmente en decadencia.

Con ello en mente, es imperativo e importante que confrontemos la codicia, el desafecto y la inmoralidad de quienes perpetúan las condiciones del apartheid económico y cultural, mediante el uso de una racionalidad cartesiana que separa, margina, invisibiliza y extermina a quienes son percibidos como enemigos u obstáculos al proyecto de progreso de la modernidad (Leitão, 2018), en muchos casos presentándolos como "inexistentes" (Santos, 2018). Los esfuerzos descolonizadores deben contrarrestar mitos y eslóganes de sentido común como "siempre habrá pobres"; o que "los pobres son pobres

---

14 Véase: <https://www.statista.com/chart/19635/wealth-distribution-percentiles-in-the-us/>. (N. del E.).

por sus propias acciones"; o que las poblaciones oprimidas son cultural e intelectualmente deficientes y, por lo tanto, requieren reparación; o que todos estamos en igualdad de condiciones y quienes "ganan" o prosperan son los héroes naturales. Desmitificar las categorías de sentido común de la modernidad implica un compromiso con una epistemología no derivativa del "contrasentido" (Paraskeva, 2024).

Resulta asombroso que tantos habitantes del Norte Global parezcan ignorar descaradamente que la mayoría de sus comodidades, libertades y derechos se han construido, y siguen construyéndose, a costa de poblaciones oprimidas. Por ello, desconocen cómo los mitos de escasez, proyectados por la sociedad, perpetúan creencias de sentido común como que no hay suficientes recursos para todos; que tener más es mejor; y que la actual desigualdad global masiva es simplemente el resultado del darwinismo social; es decir, de la ley del más apto. Esta ignorancia no es en absoluto inocente, ya que los mitos dominantes justifican convenientemente la lógica de la modernidad para la acumulación perpetua en nombre del progreso, ocultan las condiciones de opresión y desvían la responsabilidad de los responsables de la pobreza global y el sufrimiento humano en primer lugar.

La construcción e imposición de mitos colonizadores y visiones deficitarias refuerza lo que, como vimos en el Capítulo 1, el fallecido filósofo de la educación brasileño Paulo Freire (1970) denominó *invasión cultural*: un instrumento social de dominación que surge de una intención deliberada y planificada de forjar el control social, político y económico. En consecuencia, la sabiduría, el conocimiento y las formas de existencia ancestrales de los oprimidos quedan marginados. En las universidades, por ejemplo, existe una gran ambivalencia sobre la legitimidad del conocimiento indígena y el papel de los intelectuales indígenas (Mutua & Swadener, 2004, p. 10). Por lo tanto, siempre ha existido una exigencia implícita (o explícita) a las poblaciones subalternas de abandonar nuestras formas culturales de ser, nuestra lengua y nuestra sabiduría cultural para pertenecer o prosperar en las instituciones tradicionales. La diversidad y la diferencia, en este contexto, se asemejan a una política de tolerancia derivada y representativa, donde se permiten individuos de diferente color de piel, si abrazamos los ideales fundamentales de la modernidad que perpetúan el orden social dominante.

Lidiar con las dinámicas institucionales que sustentan tales expectativas requiere una crítica que trascienda los debates típicos sobre la "raza", el racismo o las políticas de identidad, para revelar las fuerzas estructurales deshumanizantes del centro neurálgico de la modernidad: el capitalismo. Esto implica una crítica que desafía firmemente las fuerzas colonizadoras vinculadas a la clase, la raza, el género, la discapacidad, la sexualidad y otros indicadores de desigualdad social; fuerzas que funcionan para sostener la supresión de las poblaciones oprimidas consideradas problemáticas para la acumulación capitalista. Además, la tendencia a ignorar la pobreza como un prerrequisito del capitalismo en los debates sobre la exclusión material y social, tanto dentro como fuera de la educación, es en gran medida responsable de perpetuar visiones focalizadas e ineficaces del problema, donde este y sus correspondientes soluciones se tratan como independientes de su origen sistémico subyacente. En este sentido, podemos señalar cómo el currículo estandarizado y el sistema de meritocracia y rendición de cuentas que lo acompaña en las escuelas y universidades se configuran por los principios modernistas del individualismo y la competencia, de maneras que enmarcan la realidad como una totalidad. En consecuencia, las instituciones pasan por alto o ignoran no sólo las realidades sociales y materiales más profundas que inciden en el aprendizaje de los estudiantes, sino también cuán diferentes y diversas son esas realidades.

Es esencial entonces revelar las dinámicas pedagógicas dentro de las escuelas y universidades que provocan la reificación social y la alienación, reforzando un profundo sentido de extrañamiento de los estudiantes de la naturaleza y de sus propios cuerpos. En *Pedagogía del oprimido*, Freire (1970) señaló que las fuerzas de alienación dentro de la educación sirven para intensificar las ansiedades, inseguridades y miedo a la libertad de los estudiantes, dada la manera en que la alienación social y la desafiliación frustran la curiosidad epistemológica y la pasión por el aprendizaje, aspectos importantes para la formación intelectual y política. La consecuencia es que dentro del contexto de la educación, ya sea consciente o inconscientemente, la lógica colonizadora de la modernidad se mantiene en detrimento de los estudiantes y sus comunidades, quienes, como argumentó Young (1990), existen encadenados por las cinco caras de la opresión: a saber, la violencia sistémica, la explotación, la marginación, la impotencia y el imperialismo cultural.

Disrupción de la modernidad

> *Tanto la "liberación" como la "descolonización" apuntan a proyectos conceptuales (y, por lo tanto, epistémicos) de desvinculación de la matriz colonial de poder. Debido al alcance global de la modernidad europea, la desvinculación... presupone un pensamiento o una epistemología fronteriza, en el preciso sentido de que el fundamento occidental de la modernidad y del conocimiento es, por un lado, inevitable y, por otro, sumamente limitado y peligroso.*
>
> *Walter Mignolo (2007)*

Para superar las limitaciones de la modernidad en el contexto educativo, es necesario desvelar los patrones epistemicidas de representación y compromiso relacional incrustados en su lógica colonizadora: patrones que camuflan, niegan y refutan su papel en la perpetuación de lo que Quijano (1992) denomina *el patrón colonial de poder*, que persiste mucho después del desmantelamiento de las estructuras coloniales oficiales de gobierno (Mignolo, 2007). Más específicamente, esto se refiere a las perdurables relaciones coloniales de poder vinculadas al control económico, al control de la autoridad, al control de la esfera pública y al control ideológico (o al control del conocimiento considerado como "verdadero"). Pero es más, todos seguimos sumidos en el legado del colonialismo, que ha dado origen a historias de patriarcado, esclavitud, apartheid y genocidio. Además, el colonialismo como proyecto hegemónico global fue esencial para la proliferación histórica del *ethos* modernista, cuyas fuerzas impulsoras son la conquista y la aniquilación. Simultáneamente, la modernidad reivindica valores de benevolencia y universalidad, por un lado, mientras intenta justificar y ocultar sus violentas fuerzas de insostenibilidad, por otro.

Además, la modernidad ha perpetuado una epistemología de guerra, conquista y aniquilación, donde la violencia se ejerce mediante la objetivación sistémica del Otro y la separación de los seres humanos de su relación orgánica con la naturaleza, el planeta y más allá. La modernidad no solo se relaciona con la ocupación territorial de individuos y comunidades considerados inferiores o subhumanos, sino en muchos casos con su exterminio sistemático. La modernidad, entonces, debe entenderse como un proyecto epistemicida, con un compromiso epistémico de ocupar y colonizar las mentes de quienes logran sobrevivir al exterminio (Césaire, 2000; Memmi, 1991; Cabral, 1973). A raíz de esto, hemos presenciado, por ejemplo, una tolerancia política de larga data hacia el desplazamiento, la segregación y, más recientemente, el genocidio de más de 30.000 palestinos por parte del gobierno israelí de Netanyahu (Batrawy, 2024). Se han perpetrado ataques en la región mientras los propios ciudadanos israelíes, junto con millones de personas en todo el mundo, siguen protestando contra la inhumanidad y las injusticias que se perpetran en su nombre; injusticias vinculadas a casi ocho décadas de subyugación política y económica de un pueblo dentro de su propia patria. Este es un ejemplo contemporáneo de cómo las poblaciones oprimidas que luchan por la autodeterminación han sido históricamente cosificadas, racializadas, animalizadas y demonizadas, como merecedoras del exterminio. En última instancia, a los palestinos se les ha negado el derecho a luchar contra los traumas estructurales de la ocupación que han enfrentado desde 1948. Lo irónico es que las condiciones de apartheid y genocidio están siendo impuestas por un gobierno cuyo pueblo ha conocido históricamente dicha opresión y genocidio. Aun más desconcertante es la rápida interpretación de cualquier crítica al gobierno israelí como antisemitismo, en un esfuerzo por silenciar la disidencia y deslegitimar las críticas a las políticas antidemocráticas y las acciones militares emprendidas por Israel, como Estado nación, contra un pueblo soberano.

Lo que no puede pasarse por alto en este ejemplo son los límites de la política progresista para desafiar y disuadir el creciente autoritarismo y el desprecio por la democracia (Hill & Plitnick, 2021). En la misma línea, Giroux y DiMaggio (2024) identifican las instituciones culturales y educativas como campos de batalla donde se manifiestan las tendencias autoritarias. Expresan su preocupación por el resurgimiento del autoritarismo y las tendencias protofascistas en el contexto del neoliberalismo, que han promovido la mercantilización de la educación, disminuyendo la capacidad de compromiso crítico y dejando al alumnado y a sus comunidades vulnerables a la retórica opresiva. Giroux y DiMaggio nos recuerdan que las escuelas forman parte del aparato más amplio del poder estatal, donde los cambios culturales e ideológicos preparan el terreno para la normalización de medidas autoritarias manifiestas. En tal atmósfera, el miedo se utiliza como arma para justificar políticas draconianas y reprimir la disidencia. Además, mediante el uso de la vigilancia estatal, la policía y las políticas dirigidas a las poblaciones subalternas, los gobiernos contemporáneos a menudo promueven medidas autoritarias bajo el pretexto de la seguridad o la protección. Subyacente a este fenómeno, también encontramos un absolutismo antropocéntrico y un excepcionalismo eurocéntrico. En este caso, la modernidad privilegia y sitúa a ciertos seres humanos en el centro, como primarios y separados de cualquier relación significativa con el resto de la existencia. Esto se defiende con el argumento de que los seres humanos tienen la capacidad de razonar, mientras que la inteligencia de otras formas de vida se considera inferior y sin consecuencias reales. De esta manera, la lógica eugenésica de la modernidad –tan arraigada en las luchas por el currículo estadounidense– naturaliza, normaliza, disciplina y justifica categorizaciones, divisiones y jerarquías arbitrarias, incluyendo la racialización de los seres humanos mediante la articulación de significantes/significados de supremacía o deficiencia. Esto se materializa al privilegiar el valor de los cuerpos y culturas dominantes, así como su enfoque en la producción de conocimiento, lo cual ha servido históricamente para defender la supremacía y el absolutismo cultural, racializado, de género y espiritual, en el que se considera que ciertas personas encarnan naturalmente la autoridad, son los árbitros legítimos de la justicia y los más adecuados para imponer parámetros y protocolos objetivos y universales para la moral, la ética, la economía, la política y la ciencia.

Otro ejemplo es la forma en que el cristianismo, actor clave en la escena colonial, justificó el asesinato y el saqueo de las poblaciones indígenas considerándolas bestias o sin alma. En este sentido, la negación de la humanidad del Otro ha sido central en la expresión política de la modernidad, donde una jerarquía racializada, implícita y explícita, de la humanidad ha prevalecido durante siglos. Dentro de esta historia unidimensional del progreso, se asume erróneamente que los oprimidos son una categoría uniforme y monolítica, o una entidad totalizada que necesita salvación. Las nociones occidentales de "humanizar a los oprimidos" tienen su raíz en la benevolencia paternalista que busca reparar la humanidad subalterna o infundir humanidad en quienes se consideran inhumanos o seres humanos inferiores. Esto contrasta con las visiones descolonizadoras o anticoloniales de la humanidad o la humanización, basadas en la comprensión de que todos somos ya seres humanos (no es una cualidad que se nos deba otorgar), que existe una gran diversidad y diferencia humana dentro y entre las comunidades oprimidas, y que cualquier proyecto de humanización debe abarcar fundamentalmente una multiplicidad de luchas para desmantelar las estructuras opresivas que nos niegan la expresión diversa de nuestra humanidad.

Además, el *ethos* de la modernidad se presenta como el único medio legítimo para la movilidad social dentro de la educación y la sociedad, donde una historia unidimensional del progreso, desarrollo y evolución humana se ha naturalizado y normalizado mediante el avance de un currículo y un sistema de evaluación unidimensionales, así como una visión unidimensional de los seres humanos (Marcuse, 1964). Las formas tradicionales de teoría y desarrollo curricular, arraigadas en principios modernistas, funcionan no solo para colonizar la conciencia estudiantil (incluyendo lo que creen posible para sí mismos y sus comunidades), en conjunción con la continua colonización económica y social del mundo material. En el proceso, los valores hegemónicos perpetuados dentro del currículo tradicional y su enfoque de la producción de conocimiento funcionan para conservar sistemáticamente la complacencia y el consenso, al tiempo que suprimen la expresión de disenso dentro y fuera del aula.

De hecho, las formas tradicionales de teoría y desarrollo curricular, tanto dominantes como contradominantes, mucho más que relacionarse con los mecanismos de la colonización, se han comprometido con un epistemicidio flagrante (el asesinato del conocimiento) al proclamar tanto la validez científica como la legitimidad histórica de las plataformas epistemológicas eurocéntricas, en detrimento de aquellas que existen más allá de dicha matriz eurocéntrica. El colonialismo tiene indudablemente una naturaleza epistemicida en su génesis. En otras palabras, la inculcación de las formas de existencia y pensamiento de la modernidad en individuos y comunidades colonizadas ha implicado simultáneamente, consciente o inconscientemente, un exterminio epistemológico de las formas de pensar y existir de los colonizados. De hecho, este es uno de los puntos ciegos más flagrantes de muchos intelectuales y movimientos contrahegemónicos. Parece haber una incapacidad para comprender que el modelo curricular dominante no puede transformarse utilizando las mismas herramientas epistemológicas eurocéntricas que los hunden en un atolladero funcionalista. Estas representan las mismas herramientas opresivas criticadas por ser prerrogativa de los movimientos positivistas y conductistas convencionales (Paraskeva, 2016; 2022; 2023). Por lo tanto, la naturaleza epistemicida del currículo no puede comprenderse ni desestabilizarse plenamente al margen de las luchas entre movimientos hegemónicos y contrahegemónicos dentro de las instituciones y las comunidades.

Precisamente, con la intención de desestabilizar las prácticas eugenésicas ligadas al currículo occidental dentro de las instituciones educativas, Machado de Oliveira (2021) denuncia el proceso de colonización curricular y destaca cómo este desarrollo epistemicida se lleva a cabo mediante una serie de patrones institucionales de representación y participación. Estos incluyen:

- Prácticas hegemónicas que refuerzan y justifican el statu quo.
- Proyecciones eurocéntricas que presentan la visión dominante como universal y superior.
- Pensamiento ahistórico que olvida o niega el papel de los legados y complicidades históricas.
- Orientaciones despolitizadas que ignoran el impacto de las desigualdades de poder y suprimen la disidencia.
- Motivaciones egoístas que se centran en el heroísmo o el triunfalismo autocomplaciente.
- Soluciones sencillas que ofrecen respuestas rápidas y placenteras que ignoran la raíz de los problemas.
- Proyecciones paternalistas que infantilizan a las poblaciones subalternas y buscan o esperan la gratitud de quienes han sido "ayudados".

Como puede resultar obvio aquí, un aparato ideológico de negación dentro de los aparatos sociales dominantes (Althusser, 1971) es esencial para perpetuar las condiciones que conservan estos patrones institucionales de representación y participación. En este sentido, Machado de Oliveira (2021) también argumenta que la modernidad constriñe nuestra conciencia mediante negaciones que sirven para ocultar patrones institucionales de injusticia, a pesar de los compromisos expresos con la diversidad, la equidad, la inclusión o la justicia educativa.

- Negación de la violencia sistémica, histórica y continua, y de la complicidad en el daño.
- Negación de los límites del planeta y de la insostenibilidad de la modernidad y la colonialidad.
- Negación del entrelazamiento: considerar a los seres humanos como separados.
- Negación de la magnitud y complejidad de los problemas que debemos afrontar juntos, buscando soluciones simplistas, generalmente alineadas con el balance económico.

El razonamiento de Machado de Oliveira (2021) es elocuente sobre la auténtica naturaleza de la negación epistemicida que impregna el campo curricular (Paraskeva, 2016; 2022; 2023; Darder, 2015; 2019). Considerando este debate, las dificultades que enfrentamos en nuestros esfuerzos por materializar el cambio curricular se vinculan con las formas en que las instituciones educativas, tanto nacionales como internacionales, mantienen estas negaciones, arraigadas en la lógica imperante de la modernidad que configura el carácter fundacional de la empresa educativa occidental, extendida a nivel mundial. Arraigada en la lógica modernista, la limpieza epistémica puede negarse y la división entre conocimiento legítimo y deslegitimado puede preservarse mediante el uso de libros de texto y materiales curriculares dentro de disciplinas y campos de estudio que perpetúan y refuerzan la cosmovisión cultural y económica dominante.

En resumen, la hegemonía de la modernidad y el monumentalismo de su imperio epistémico (Santos, 2018) se sostiene mediante:

1) la defensa de la expresión más benévola de la modernidad, asociada con el progresismo, la democracia, la industrialización, la secularización, el humanismo, el individualismo, el razonamiento científico y la conservación del Estado-nación;

2) la acomodación y aceptación de las críticas, siempre y cuando estas no sean conflictivas y no interrumpan o destruyan la lente epistémica de las ideologías dominantes y su lealtad a la vida capitalista;

3) la apropiación del lenguaje cultural emancipador, al tiempo que lo despoja de su intención emancipadora o revolucionaria; y

4) el tejido de una praxis discursiva muy concreta que, a través de mecanismos de articulación y rearticulación derivada del sentido común, promueve un enfoque representacional unidimensional de la realidad (Hall, 1996).

Por lo tanto, no es sorprendente que desde la era de los derechos civiles de los años 1960 en los Estados Unidos, por ejemplo, haya habido muchas posturas curriculares relacionadas con la igualdad de derechos, la diversidad y la justicia social, pero aun así persistan brechas alarmantes en la educación y la economía entre los que tienen y los que no tienen.

Capítulo 4

Enseñando para el fin del mundo (tal como lo conocemos):
desafiando los límites de la modernidad

> *No permitiré que mi vida se vea limitada.*
> *No me doblegaré ante el capricho ni la*
> *ignorancia de nadie.*
>
> *bell hooks (1981)*

Las palabras de bell hooks mencionadas anteriormente señalan dimensiones clave que operan en las prácticas educativas de desigualdad, en particular en la vida de las poblaciones subalternas. Estas prácticas se han anclado en una lógica de la modernidad que ha limitado y distorsionado la vida de las poblaciones oprimidas, a la vez que finge ignorancia sobre las consecuencias que el colonialismo (y el capitalismo) han tenido en los problemas contemporáneos que afectan a la mayoría de las personas en todo el mundo (Leitão, 2018). Sin embargo, desafiar la cultura de la modernidad no es tarea fácil, dada la forma en que muchos educadores defienden su lealtad a los privilegios sustentados por los principios de la modernidad. Por lo tanto, enfrentar la lógica de la modernidad requiere una gran imaginación, pues supone considerar lo que podría ser posible; así como, además, una gran curiosidad por lo que aún está por imaginar. De alguna manera, en medio de la decadencia de la modernidad y sus síntomas de colapso, quienes se comprometen con la justicia deberán reunir colectivamente la voluntad política para desafiar constantemente las expresiones sistémicas de opresión que nos despojan de nuestra dignidad y nuestro derecho a existir.

Como se señaló anteriormente, esto implica desvincularse del imperio cognitivo hegemónico (Mignolo, 2018; Santos, 2018) y, concomitantemente, desmantelar los mitos que sustentan, normalizan y naturalizan los valores de la modernidad. Es decir, que conservan nuestra separación de la naturaleza, el supuesto universalismo, el humanismo por defecto, la acumulación como meta aspiracional y la idea de "ayudar" a otros a alcanzar el conocimiento de Occidente. En este contexto, resultan útiles las palabras de la activista aborigen Lila Watson, expresadas en su discurso en la Conferencia del Decenio de las Naciones Unidas para la Mujer de 1985 en Nairobi, en respuesta a la persistencia de percepciones y actitudes coloniales inscritas en sus ofrecimientos de ayuda. "Si han venido aquí para ayudarme, están perdiendo el tiempo. Pero si han venido porque su liberación está ligada a la mía, entonces trabajemos juntos" (citado en Sovereign Union, 2011). Las palabras de Lila desafían las formas ocultas y no tan ocultas en que la lógica de la modernidad promueve la supremacía cultural, y señalan también el cambio radical de conciencia necesario para lograr esta tarea.

A menudo, tras las intervenciones oficiales en las comunidades oprimidas subyace la creencia de que existe una forma superior de aprender, trabajar, vivir, sentir, escuchar, mirar, amar, pensar y existir. De igual manera, observamos la propensión a la conquista y la acumulación económica, llevada a cabo en nombre del progreso: el progreso como una totalidad, un destino monolítico, una entidad inevitable. En las escuelas, esto se transmite a través de un currículo "neutral" vinculado al llamado culto a la meritocrática científica (Young, 1958), que allana el camino para un sistema opresivo de poder y privilegio. En educación, las políticas enfatizan las pruebas de alto riesgo, la estandarización curricular y las medidas de rendición de cuentas meritocráticas, en medio de un terreno precario de políticas sociales opresivas. Esto también apunta al uso debilitante de etiquetas y categorizaciones de sentido común. Abundan los ejemplos en el tratamiento del trastorno por déficit de atención e hiperactividad (TDAH), la dependencia de opioides y otras adicciones, así como en la (errónea) percepción y (errónea) etiquetación de aquellos cuyos tratamientos son cooptados por los ricos y se vuelven inaccesibles para la abrumadora cantidad de niños, jóvenes y adultos de poblaciones oprimidas que viven como víctimas de traumas estructurales (Maté, 2020;

2018). Dentro de las comunidades, este fenómeno también opera en las políticas de gentrificación y vigilancia policial, promulgadas supuestamente como un medio para aumentar la estabilidad, el bienestar y la seguridad de los vecindarios, pero que generalmente resultan en el desplazamiento de las comunidades de clase trabajadora y racializadas, cuyos miembros ya no pueden pagar alquileres ni servicios locales. No se requiere un gran esfuerzo de imaginación para ver que todo esto se alinea con los intereses de la clase dominante.

Para desafiar las raíces culturales de la modernidad y abrir camino a la reinvención de las estructuras y prácticas institucionales, educadores, estudiantes, activistas e investigadores deben reconocer el vínculo entre la cultura y el poder, y su papel en las experiencias culturales, históricas y lingüísticas de las comunidades oprimidas (Darder, 2012). Esto es esencial para abordar las condiciones escolares y comunitarias de desigualdad de clase y racismo, donde las dinámicas políticas entre las personas y comunidades oprimidas y las instituciones mayoritarias suelen ser difíciles, contenciosas y tensas. Estas dinámicas son evidentes dondequiera que personas de escasos recursos deban luchar por su soberanía y reconocimiento (Taylor, 1994; Fraser y Honneth, 2006), la integridad de sus creencias culturales, el respeto a sus formas de vida y su derecho colectivo a autodeterminar su propio destino.

Una dimensión a menudo ignorada de esta lucha, como se mencionó anteriormente en palabras de hooks (1981), es la carga de tener que encajar en el mito dominante de la normalidad; o tener que presentarnos de una manera que resulte cómoda para quienes ostentan la autoridad institucional y el poder sobre nuestros destinos. Esto también ilustra algunas de las maneras en que el racismo y el proceso de racialización operan de forma generalizada dentro de las personas y comunidades oprimidas, pero también cómo los antagonismos de clase impactan las estructuras y relaciones institucionales formales e informales que mantienen a las personas divididas en categorías de superior/inferior, visible/invisible (Ellison, 1952), existente/inexistente (Santos, 2007a). Si ciertas poblaciones, por ejemplo, no son vistas o identificadas como parte de la cultura o clase dominante, a menudo pueden ser percibidas como anti-intelectuales o inferiores, lo que justifica la intervención de expertos cuyo trabajo es "salvar" a las poblaciones oprimidas del atraso. En un acto que Freire (1970) denominó *falsa generosidad*, quienes pertenecen a la cultura dominante (incluso a la izquierda) han intervenido paternalistamente en la vida de las comunidades subalternas para "enseñarnos" la forma correcta de ser. Este síntoma destructivo de epistemicidio mina, contamina y satura el campo curricular, incluyendo sus teorías, la investigación, el desarrollo y las prácticas (Jupp, 2017; 2023; Paraskeva, 2024).

En otros casos, se toman medidas en nombre de la igualdad y la democracia; pero a menudo se trata de una democracia condicional, basada en nuestra disposición a asimilar, consentir o adherirnos a los valores dominantes y las prioridades de clase asignadas por la sociedad capitalista. Por ello, nuestro trabajo curricular y pedagógico en las escuelas y comunidades debe cultivar una mayor comprensión de cómo los enfoques convencionales del desarrollo curricular siguen vinculados a un proyecto de modernidad culturalmente invasivo, así como demostrar que la posibilidad de formas alternativas de praxis exitosas es realmente posible. Un ejemplo transformador útil de dicha praxis ha sido destacado en la pedagogía de la Highlander Folk School[15] (ahora Highlander Research and Education Center), cuyo trabajo se describe en un diálogo entre Myles Horton y Paulo Freire (1990) en *We Make the Road by Walking* (*Hacemos camino al andar*).

Durante casi un siglo, Highlander ha apoyado el liderazgo y los esfuerzos de activistas laborales, activistas

---

15 Sobre la HFS véase: <https://highlanderfolkschool.weebly.com/>. Los fundadores de la escuela fueron Myles Horton y Don West. (N. del E.)

por los derechos civiles (incluida Rosa Parks[16]), miembros de las Luchas Populares de los Apalaches[17] y, más recientemente, de inmigrantes y jóvenes latinos, en el desarrollo de nuevas estrategias y alianzas para impulsar movimientos multirraciales e intergeneracionales por la justicia social y económica. Además, el trabajo del Centro ha impulsado una auténtica transformación en la percepción que las comunidades tienen del Otro. Esta es una pregunta esencial, dado que nuestra capacidad de trabajar juntos en tiempos difíciles solo puede materializarse mediante nuestro compromiso comunitario con las realidades, condiciones, necesidades e intereses de las comunidades a las que decimos servir, y esto solo puede lograrse con ellas. Dicha transformación cultural comienza por romper con la prisión ideológica de la modernidad: una prisión de exclusión reforzada por la creencia de que solo los "expertos" tienen derecho a decidir y autodeterminar sus vidas y las de los demás en la sociedad. Es esta creencia elitista, perpetuada por

---

16 Ros Parks (2013-2005) fue una activista norteamericana e importante figura en el movimiento por los derechos civiles. Rosa Parks protagonizó el famoso incidente del autobús, cuando se negó a ceder su asiento a un usuario blanco que acababa de subir. (N. del E.).

17 Sobre los Apalaches su gente y su extrema pobreza véase: <https://appalachianmemories.org/2025/01/30/through-the-hardest-years-appalachias-fight-to-survive-the-great-depression/>, y <https://helpingamericans.org/addressing-poverty-in-appalachia-and-exploring-solutions/>. (N. del E.).

la cultura colonizadora de la educación, la que durante siglos ha buscado sofocar la formación intelectual y política de las poblaciones subalternas.

Descolonizando los Estudios Curriculares

> *El proyecto intelectual de descolonización debe establecer maneras de avanzar en un mundo colonizador. Requiere una compasión radical que se extienda, que busque la colaboración y que esté abierta a posibilidades que solo pueden imaginarse a medida que otras cosas se acomodan.*
>
> *Linda Tuhiwai Smith (2012)*

En la educación, como en otros campos y disciplinas, debemos comprometernos con un enfoque descolonizador de los estudios curriculares, uno donde nuestras intervenciones ontológicas, epistemológicas y metodológicas estén en sintonía con una intención justa y liberadora. En *Decolonizing Methodologies*, Smith (2012, p. 11) argumenta que el término investigación "está inextricablemente ligado al imperialismo y colonialismo europeos", es decir, está profundamente arraigado en las venas mismas de la colonialidad. Esto significa que no solo el término en sí, sino toda la investigación "es probablemente una de las palabras y actividades más sucias del vocabulario del mundo indígena" (Smith, 2012, p. 1). Descolonizar los estudios curriculares implica descolonizar su investigación, los discursos materiales que se elaboran y que construyen sus teorías. Implica descolonizar nuestros enfoques interpretativos de nuestras corrientes hermenéuticas (Darder, 2019). Smith añade que nuestro enfoque de la descolonización debe

> …provocar una reflexión revolucionaria sobre el papel que el conocimiento, la producción, la circulación, las jerarquías y las instituciones del conocimiento desempeñan en la descolonización y la transformación social. (2012, p. 1).

Con estas palabras en mente, la descolonización de los estudios curriculares implica una metodología no abismal, firmemente comprometida con la creación de espacios intelectuales contrahegemónicos, no derivativos, donde puedan desplegarse lecturas no eurocéntricas del "mundo y la palabra", de manera que nos lleven a repensar formas de existencia y conocimiento que han sido descartados en el pasado y, en muchos casos, considerados inexistentes (Santos, 2007b; Paraskeva, 2016; 2023), así como a crear una apertura de conciencia donde puedan materializarse posibilidades inimaginables de cambio social y material. La descolonización del currículo implica un compromiso con formas alternativas de ver, leer y sentir (Santos, 2014).

Los primeros intelectuales descolonizadores o epistemólogos del sur, como Frantz Fanon, Amílcar Cabral, Aquilino Ribeiro, Stuart Hall, Edward Said, Gloria

Anzaldúa, Grace Boggs, Chandra Talpade Mohanty, Vine Deloria Jr., Audre Lorde, Shiv Visvanathan, bell hooks y muchos otros, han desafiado la violencia del fascismo epistémico de la academia occidental. Mediante iniciativas intelectuales –conferencias magistrales, seminarios, talleres, participación en los medios y escritos–, los intelectuales descolonizadores han confrontado los intereses económicos subyacentes que consideran el currículo académico como una mercancía, un currículo generalmente construido en ausencia de sensibilidades subalternas. A lo largo de los años, las obras de educadores, académicos y activistas oprimidos han desbaratado las afirmaciones curriculares tradicionales de neutralidad y homogeneidad en las representaciones occidentales de las poblaciones oprimidas, lo que sugiere la necesidad de compromisos descolonizadores que desafíen las tradiciones curriculares hegemónicas de la lente interpretativa occidental. En el centro de estas críticas se encuentra la incapacidad de los occidentales o de quienes están inmersos en una ideología de la blanquitud[18] para escuchar, oír o sentir al Otro, más allá de imponer y proyectar sus propias sensibilidades eurocéntricas sobre nosotros, a menudo dejando y manteniendo

---

18 La autora se refiere aquí a la *ideology of whiteness*. Los estudios de *whiteness* (blanquitud) analizan críticamente las los privilegios generados por ser "blanco o blanca". (N. del E.).

a los subalternos ocultos dentro del currículo, también cuando se incluyen en las listas de lectura.

Los pedagogos críticos, anticoloniales y decoloniales también nos han alertado sobre la naturaleza funcionalista que ha contaminado a muchos intelectuales y movimientos contrahegemónicos y que, en última instancia, en su lucha contra los epistemicidios, termina profundizando y empeorando aun más la naturaleza epistemicida del campo. Paraskeva (2016; 2022; 2023) denunció esta contaminación como *epistemicidios reversivos*. Décadas antes, Darder y Torres (2004) lideraron vehementemente la batalla contra los peligros del esencialismo racial en nuestros análisis del poder y la dominación. Desde esta perspectiva, los esfuerzos mecánicos y peligrosamente maniqueos por reemplazar la "clase" por la "raza" no han servido para desmantelar la matriz opresiva, que se basa en la autonomía relativa de varias categorías socialmente graduadas. Como afirman Huebner y Paraskeva (2022), la llamada "conversación curricular compleja" es manifiestamente eugenésica y necesita urgentemente ser descolonizada.

Cuando se centran perspectivas sub-representadas, a menudo se les acusa de parcialidad o de defender la "corrección política". Por lo tanto, a pesar de estas críticas generalizadas, los educadores oprimidos han tenido que arriesgarse a adoptar "formas de pensar ajenas al contexto europeo, que fueron desacreditadas cuando el capitalismo se convirtió en la fuerza imperialista más poderosa" (Spivak citado en Wallace, 1999), buscando inspiración para explorar y expresar las particularidades de las experiencias vividas; y, al hacerlo, desvelar los falsos pronunciamientos occidentales sobre las condiciones históricas y contemporáneas que han moldeado las existencias oprimidas; pronunciamientos que no abordan la persistencia y el impacto del trauma estructural asociado con los legados del colonialismo: el patriarcado, la esclavitud, la explotación económica y el genocidio en el mundo actual. A pesar de este descuido, lo que se ha vuelto más evidente con el paso de los años es que la sensibilidad a la historia de estas condiciones en realidad puede servir como un correctivo importante al sesgo eurocéntrico que informa la mayoría de los análisis, con su propensión curricular a exagerar el presente al postular una discontinuidad radical entre la vida social contemporánea y las historias pasadas de opresión (Santos, 2007a).

Las sensibilidades políticas que mejor pueden orientar la descolonización del currículo generalmente surgen de la inclusión de análisis muy diversos y multidimensionales, así como de la resistencia a un lenguaje absoluto o universalizante. Esto es esencial para la producción de conocimiento que busca desafiar las innumerables prácticas curriculares alineadas con la dominación patriarcal, las divisiones de clase, las racializaciones, el genocidio lingüístico, el heterosexismo, los cuerpos sin discapacidad y otros indicadores de injusticia promulgados mediante políticas excluyentes de adecuación institucional o validez científica. Sobre esto, Fanon argumentó:

> La colonización no se conforma simplemente con mantener a un pueblo en sus garras y vaciar el cerebro del nativo de toda forma y contenido. Mediante una especie de lógica pervertida, recurre al pasado del pueblo oprimido y lo distorsiona, desfigura y destruye. (1963, p. 170).

En consecuencia, la descolonización del currículo busca deconstruir y eliminar la subordinación de las voces oprimidas, a menudo consideradas sospechosas y, en ocasiones, peligrosas para la veracidad del conocimiento objetivo. Esta deconstrucción desmiente el currículo como regulación del conocimiento y constituye la puerta de entrada hacia el currículo como emancipación del conocimiento. No hay descolonización sin un sujeto emancipado.

Fieles a su propósito político, los enfoques descolonizadores del desarrollo curricular promueven una epistemología evolutiva e itinerante, es decir, una forma orgánica, fluida, discontinua y flexible de conocer el mundo que, según Paraskeva (2011), desestabiliza las formas fijas de conocimiento y las creencias absolutas de nuestro tiempo. Esta epistemología allana el camino para una teoría curricular itinerante, un giro decolonial, que desafía la naturaleza epistemicida del campo curricular –su teoría e investigación– en sus formas dominantes y contra-dominantes (Paraskeva, 2011; 2016; 2022; 2023; Darder, 2015; 2019). La teoría del currículo itinerante (TIC) se fundamenta en su ruptura epistemológica con la colonialidad del poder y su desafiliación con el dogma hegemónico, un proceso que libera nuestro campo de conciencia, abriendo camino al resurgimiento de perspectivas subalternas, nuevas expresiones de solidaridad y la poderosa regeneración de esa fuerza política necesaria para transformar las condiciones sociales y materiales de nuestra existencia presente, no solo en la mente, sino también en la carne (Darder, 2015, p. xiv). La TIC es una

> …falta de respeto deliberada al canon, una lucha contra la ortodoxia epistemológica (…), [e intenta]… contraponer el conocimiento científico con conocimientos no científicos, explícitamente locales, conocimientos fundamentados en la experiencia de los líderes y activistas de los movimientos sociales estudiados por los científicos sociales. (Darder, 2015, p. xxv).

Descolonizar el currículo implica redefinir las nociones occidentales que tienden hacia formulaciones abstractas, vacías tanto de las negociaciones personales y sociales que moldean y configuran la vida subalterna, y particularmente en lo que respecta a las comunidades económicamente empobrecidas. Ello también busca revelar cómo las formas educativas convencionales (fundamentalmente eurocéntricas) han ignorado las tensiones y su complicidad con las atrocidades de la modernidad. Al respecto, Spivak nos recuerda:

> La educación convencional nunca ha funcionado de forma limpia, y quizá nunca pueda. Parte de la educación convencional implica aprender a ignorar esto por completo, con una ignorancia sancionada. (1999, p. 2).

Aquí yace la lógica de una metodología descolonizadora de la teoría y el desarrollo curricular que critica, redefine y reinventa las lecturas dominantes del aprendizaje, la enseñanza y la escolarización de maneras que contrarrestan lo que Freire (1970) llamó la "educación bancaria". En el proceso, los educadores deben luchar simultáneamente para transgredir la santidad de los valores modernistas mientras trabajan para infundir el currículo con sensibilidades epistemológicas descolonizadoras, sensibilidades que desafían el despiadado impulso de conquista incrustado en la imaginación eurocéntrica. En consecuencia, las voces y el conocimiento indígenas, dentro y fuera del Sur Global, solo pueden surgir a través de un proceso de indagación itinerante valiente y, sin embargo, arriesgado, que roza los ideales hegemónicos con las sensibilidades epistemológicas no occidentales, sensibilidades transgresoras que se despliegan cuando se liberan de las garras de la colonialidad del poder.

No es casualidad que los intelectuales oprimidos que han lanzado desafíos fundamentales a las epistemologías occidentales provengan de poblaciones históricamente colonizadas. Hemos entrado, pues, en el proceso de indagaciones académicas a través de una sensibilidad descolonizadora de la existencia subalterna; es decir, hemos tenido que navegar a través de los terrenos dialécticos discontinuos de los conflictos y contradicciones opresor/oprimido (Freire, 1970), como parte de nuestro proceso de supervivencia social, política, espiritual y académica como intelectuales de frontera. La eugenesia enmarca la experiencia oprimida (Smith, 2012; Santos, 2014). Por lo tanto, descolonizar el currículo es imposible sin la participación de los miembros de las comunidades oprimidas, ya que es precisamente el proceso de navegar las brutales tensiones epistemológicas de la posición subalterna lo que nos ha formado como creadores de significado que han elegido, con esmero, fundamentar nuestras prácticas pedagógicas y curriculares en tradiciones anticoloniales. Como tal, el *ethos* subyacente de nuestro trabajo intelectual exige cambios epistemológicos descolonizadores en la producción y circulación de formas de conocimiento, ofreciendo una visión política justa y emancipadora del currículo tanto dentro de las fronteras académicas como en nuestras luchas prácticas cotidianas por la liberación.

En este marco, como Tuck y Yang (2012) argumentan correctamente, "la descolonización no es una metáfora". Más bien, encarna el propósito de desestabilizar las teorías, políticas y prácticas hegemónicas y contrahegemónicas, para perturbar el colonialismo de asentamiento, recuperar tierras robadas y lograr un cambio concreto en las condiciones cotidianas de sufrimiento e injusticia que experimentan nuestras comunidades. Esto señala el poder político de la disrupción y la deconstrucción. Por ello, educadores e investigadores descolonizadores han optado por abordar las teorías colonizadoras de la subalternidad de maneras que tratan estas ideas como textos desacralizados, propicios para la deconstrucción, para ser analizados sistemática y cualitativamente desde nuestra propia subalternidad vivida, como sujetos históricos autodeterminados e intelectuales empoderados, capaces de expresar y vivir nuestro compromiso con una visión anticolonial del mundo. Pero ninguna descolonización es posible dentro de la matriz epistemológica de la modernidad y su lógica colonizadora. Como tal, descolonizar implica un compromiso ético para desmantelar la lógica de la colonialidad y su propósito epistémico.

Una postura ética descolonizadora

*Las limitaciones políticas de los enfoques
éticos convencionales, limitados, se refieren
a la falta de sensibilidad hacia la (des)
colonialidad, las desigualdades globales
que siguen configurando el sector del
desarrollo internacional y la exigencia
histórica de justicia epistémica, cognitiva o
del conocimiento.*

Sempere, Alliyu y Bollaert (2022)

El proceso de descolonización del currículo requiere
una postura ética que pueda romper con la unidimensionalidad de los epistemicidios eurocéntricos que
prevalecen en las teorías tradicionales del currículo y
la sociedad (Paraskeva, 2011; 2022). Samek y Shultz
advierten que

…el contexto importa cuando analizamos la ética. La
visión a largo plazo del colonialismo nos ha enseñado
a ser cautelosos al hacer afirmaciones universales,
dadas las brutales consecuencias para quienes no
encajan en lo universal. (2017).

Intelectuales como Michel Foucault (1980) y Gilles
Deleuze (1989), entre otros, nos alertaron perspicaz-
mente sobre los peligros de las interpretaciones deriva-
tivas y representacionales de la historia que enmarcan
la realidad –colonialidad, colonialismo, modernidad y

posmodernidad, inclusive– como una matriz unificada y totalizada con metamorfosis predecibles, continuas, estables y fijas. El ámbito curricular es, de hecho, uno de los ámbitos políticos en y a través de los cuales se producen, legitiman y normalizan estas interpretaciones erróneas.

Más allá de las preocupaciones epistemológicas, existe también un esfuerzo humanizador por reinventar nuestra expresión y participación en el aula y dentro del proyecto político más amplio de transformación social. Existe, pues, una importante dimensión cualitativa en juego, ya que es a partir de lo que hooks (1994) afirmó en *Teaching to Transgress* (*Enseñar a transgredir*), es en razón de la "autoridad de la experiencia vivida" y de nuestras sensibilidades oprimidas –generalmente marginalizadas e irrelevantes dentro del currículo general– que las voces descolonizadoras encuentran la veracidad para hablar, cuestionar, transgredir y reinventar los discursos curriculares distorsionadores de los poderosos que siguen causando estragos políticos y económicos en comunidades cultural, económica y políticamente oprimidas.

En conjunto, una praxis educativa curricular descolonizadora debe fundamentarse en lo que Dussel (2013) denominó una *ética de la liberación* para ayudarnos a repensar la totalidad de los problemas morales de forma más integral, más allá de la matriz eurocéntrica. En resumen, esto exige que:

1) critiquemos el sistema como una totalidad;
2) adoptemos una visión que afirme la vida;
3) alteremos la lógica del capital;
4) desmitifiquemos los mitos que perpetúan las exclusiones;
5) reconozcamos la opresión como un fenómeno global;
6) desarrollemos una sensibilidad multidimensional;
7) colaboremos con los más oprimidos;
8) desafiemos las fuerzas de la alienación;
9) busquemos nuevas formas de pensar y ser que disuelvan nuestra dependencia de una lógica de privilegio, exclusión y conquista; y
10) luchemos colectivamente por una alternativa histórica.

Adoptar una ética de la liberación en el desarrollo curricular desafía, redefine y rearticula la ceguera de las atrocidades históricas y contemporáneas vinculadas al colonialismo de asentamiento y a las falsas afirmaciones sobre los colonizados. Aquí, el objetivo es desarrollar estrategias curriculares de compromiso para desafiar las prácticas discursivas falsas y deshabilitar las prácticas pedagógicas que nos desvinculan de nuestra humanidad, de los demás y de nuestra responsabilidad compartida por el bienestar del planeta.

También son centrales para la labor de descolonizar el currículo los procesos radicales de indagación social, crítica, las reformulaciones culturales y espirituales que atacan el corazón mismo de las ideologías dominantes y las prácticas que, consciente o inconscientemente, reproducen formas de inequidad clasistas, racializadas, de género, heterosexuales, de personas con capacidades diferentes, religiosas y de otro tipo. Por lo tanto, un proceso curricular descolonizador constituye una multitud itinerante discontinua de (re)lecturas cuidadosas del mundo y de las historias subalternas, de maneras que abordan críticamente la infinita diferencia y diversidad del mundo, desafiando abiertamente lo que Freire llamó el "dilema trágico de los oprimidos", un fenómeno que nos mantiene objetivados y definidos por la oposición (Darder, 2019). Más importante aun, en nuestros esfuerzos por descolonizar el currículo, las formaciones de clase y los antagonismos no pueden ignorarse, en la medida en que surgen en los contextos sociales y materiales de la producción capitalista de mercancías, dado su enfoque en el control de la riqueza, la extracción de mano de obra y la acumulación de riqueza. En ausencia de estas consideraciones, las teorías curriculares dominantes sobre la diversidad no abordan rigurosamente las desigualdades sociales y materiales y, por lo tanto, permanecen arraigadas en transcripciones asimilativas oficiales de la sociedad que conservan la riqueza y el poder de la élite gobernante.

Descolonizar los estudios curriculares requiere un compromiso ético y político para confrontar y transformar, tanto en la teoría como en la práctica, las formas en que comprendemos las cuestiones de diferencia y diversidad, así como nuestro lugar en el mundo con respecto a los demás. Esto señala el importante papel que desempeña el posicionamiento de educadores, estudiantes, activistas y comunidades. En este sentido, pedagogos críticos como Michael Apple (1990) defienden la necesidad de situar como condición *sine qua non* en la lucha por un currículo relevante. La descolonización debe entenderse como una filosofía de la praxis no derivada (Gramsci, 1992) que ocupa y satura la teoría y el desarrollo curricular. Esto exige que examinemos críticamente nuestros propios contextos, contradicciones y complicidades para aprender a desaprender (Tlostanova & Mignolo, 2012) nuestros privilegios, para establecer una relación ética con la diferencia, la diversidad –y nuestra propia ignorancia– y para disolver la arrogancia de la mirada académica experta. Esto implica una sensibilidad ética descolonizadora de la diferencia que centra las voces subalternas, desmitifica las nociones de sentido común sobre la producción de conocimiento, expone la colonialidad del poder, rompe con los epistemicidios eurocéntricos y ofrece relecturas itinerantes o fluidas (Paraskeva, 2011) de las creencias históricas, de las condiciones contemporáneas y de las experiencias vividas que configuran nuestro mundo.

La voz subalterna

> *La mirada, el oído, el sentimiento y la voz*
> *subalterna nos invita a re-imaginarnos en*
> *relación, invocando en nuestro interior la*
> *conexión con nosotros mismos, nuestros*
> *ancestros, la tierra, nuestros cuerpos y los*
> *demás, para que el conocimiento inherente*
> *y profundo en nosotros pueda cultivarse.*
> *Nos pregunta: ¿qué emerge cuando*
> *despegamos las capas de tejido cicatricial*
> *necrosado en la herida colonial mediante la*
> *escucha profunda epistemológica y sanamos*
> *todo lo que ha sido borrado, avergonzado,*
> *negado y exiliado?*
>
> *Zuleika Bibi Sheik (2020)*

La mirada, el oído, el sentimiento y la voz subalterna exigen que nos involucremos seria y abiertamente con el fenómeno de la opresión humana y su impacto debilitador sobre las identidades, las ubicaciones sociales y las realidades materiales de la vida subalterna (Darder, 2015; 2019). En consecuencia, surge de una navegación tenaz para superar los traumas personales y estructurales causados por la cultura del silencio (Freire, 1970) o el culto a las ausencias (Santos, 2018) y los esfuerzos para desmantelar las representaciones y compromisos eurocéntricos distorsionadores que se han proyectado sobre los individuos y las comunidades oprimidas. Esto recuerda el impacto de los epistemicidios, donde las voces que emergen del conocimiento fuera del ámbito occidental no solo son silenciadas o invisibilizadas, sino erradicadas, como es el caso de la cultura del olvido (Darder, 2014). Esto se refiere a un espacio pedagógico de educación bancaria (Freire, 1970), donde a los estudiantes oprimidos se les enseña, consciente o inconscientemente, a rechazar la lengua materna y a adoptar acríticamente el lenguaje hegemónico y el sistema cultural dominante de la escolarización, un resultado arraigado en las prácticas curriculares colonizadoras. Esto apunta de nuevo a esa región epistemológica represiva de la división abisal, donde las voces del Otro quedan relegadas a las consecuencias de la existencia marginal. Esta división abisal es un síntoma de la razón de la modernidad.

Según Santos, la razón de la modernidad es un pensamiento abisal. Es decir,

> …un sistema de distinciones visibles e invisibles, siendo las invisibles el fundamento de las visibles. Las distinciones invisibles se establecen a través de líneas radicales que dividen la realidad social en dos reinos, el reino de "este lado de la línea" y el reino de "el otro lado de la línea. (Santos, 2007a, p. 45).

Dichas líneas abisales constituyen el núcleo mismo de "la base epistemológica del orden capitalista e imperial que el Norte global ha estado imponiendo al Sur global" (p. ix). La invisibilidad y la inexistencia de "un lado" son las raíces de la visibilidad y la existencia del "otro lado" (Paraskeva, 2016). Con esto en mente,

> ...lo que caracteriza fundamentalmente al pensamiento abisal es, por lo tanto, la imposibilidad de la co-presencia de los dos lados de la línea. En la medida en que prevalece, este lado de la línea solo prevalece agotando el campo de la realidad relevante. Más allá de ella, solo hay inexistencia, invisibilidad, ausencia no dialéctica. (Santos, 2007a, p. 1).

Dentro de esta zona represiva de colonialidad, las formaciones de clase racializantes y las creencias, actitudes y valores implícitos de limpieza étnica y exclusión se ven endurecidos y materializados por las tensiones agonizantes generadas por la profunda división. Además, mediante la adhesión curricular a la colonialidad global del poder (Grosfoguel, 2011; Quijano, 2000), las poblaciones oprimidas han sido sometidas a suposiciones deshumanizantes y visiones deficitarias, incluso dentro de nuestros propios contextos comunitarios. Posteriormente, la estandarización del conocimiento y las expectativas universales del currículo continúan siendo "normalizadas, disciplinadas y uniformizadas" (Foucault, 1980), definidas por los valores culturales opresivos y los intereses mercantiles de los poderosos económica y políticamente. En respuesta, la descolonización del currículo implica un shock epistemológico (Paraskeva, 2023), allanando el camino para una multiplicidad de lecturas de la materialidad de la historia y la economía que interrumpen el "orden natural" de las narrativas dominantes. Por lo tanto, descolonizar los estudios curriculares implica destotalizar y desterritorializar la teoría, la investigación y el desarrollo del campo para avanzar hacia una plataforma itinerante (Paraskeva, 2011; 2016) que reconozca, aborde y se involucre con las infinitas y diversas perspectivas epistemológicas del mundo. Esta itinerantología es un compromiso con un *co-habitus* de ambos lados de la línea, un camino postabismal (Paraskeva, 2023).

En este sentido, el currículo descolonizador debe reflejar el pensamiento descolonizador, una forma de existencia descolonizadora y una filosofía de la praxis descolonizadora. Esto implica que un currículo descolonizador se fundamenta en un enfoque crítico centrado en la creación de espacios intelectuales contrahegemónicos donde puedan desarrollarse nuevas lecturas del mundo, de maneras que nos conduzcan al cambio, tanto en la teoría como en la práctica (Darder, 2015, p. 63). Fiel a estos objetivos, un currículo descolonizador abarca una perspectiva crítica que expande los límites de la racionalidad y, al hacerlo, apoya el desarrollo de formas contrahegemónicas de pensamiento y reflexión sobre el mundo, para comprender mejor el impacto de las relaciones sociales y materiales de poder que operan en la vida de las poblaciones oprimidas. A su vez, un diseño curricular descolonizador busca desmitificar los límites artificiales de las formaciones racializadas y las jerarquías económicas de dominación, considerando todas las lenguas y culturas como importantes para nuestra supervivencia planetaria. Además, los principios emancipadores sirven para respaldar la creatividad epistemológica, la imaginación, el cuestionamiento, la duda y la toma de riesgos necesarios para este enfoque (Darder, 2015).

La descolonización de los estudios curriculares implica verbalizar la crítica histórica, el espíritu de resistencia y la recuperación cultural de la razón de Caliban[19] (Henry, 2000), lo que abarca una multiplicidad de esfuerzos post-abisales no derivativos que sirven para exponer la matriz colonial de poder (Quijano, 1992; Mignolo, 2007; Tlostanova & Mignolo, 2009). Esta matriz colonizadora abarca el control económico, el control de la autoridad, el control de la esfera pública y el control ideológico y la legitimación del conocimiento, que persisten mucho después del cese del régimen político colonial oficial. En esencia, este fenómeno trata, sobre todo, del control de la mente (Césaire, 2000; Cabral, 1973). Aquí reside el mecanismo penetrante y

---

19 Caliban es un personaje de la obra de William Shakespeare *La Tempestad*. Caliban representa al salvaje primitivo, frente a otro personaje –Próspero– que representa los aspectos más materiales (y civilizados) del ser humano. (N. del E.).

perseverante por el cual las formas de conocimiento son juzgadas como legítimas, excluidas o incluso como inexistentes (Santos, 2014; Paraskeva, 2011; 2016). En línea con este punto, está la forma en que la colonialidad global del poder es enmascarada por el aparato ideológico de la modernidad, que engañosamente normaliza y disciplina, por un lado, las expresiones del patriarcado, el colonialismo, el capitalismo y la globalización (Grosfoguel, 2011; Lugones, 2010, Mignolo, 2012; Mohanty, 2003; Smith, 2012), mientras que, por otro lado, silencia las contranarrativas generadas por miembros de comunidades oprimidas.

En consecuencia, el currículo descolonizador se compromete con interrogaciones opositoras a las afirmaciones oficiales que surgen de intelectuales de élite sancionados, que se atribuyen la experiencia en la producción y el manejo del conocimiento explicativo sobre las vidas y la supervivencia de quienes se consideran el Otro; conocimiento sobre el cual ellos mismos generalmente carecen de fundamento y experiencia. Otra preocupación central aquí, por supuesto, se encuentra en hasta qué punto una mirada colonizadora, o lo que Said (1978) llamó "orientalista", está implicada en la producción occidental de conocimiento curricular. Una pregunta crítica, entonces, es hasta qué punto los intereses políticos y económicos dominantes distorsionan las percepciones del Otro/la otredad/la alteridad, preservando jerarquías y supremacías clasistas, racializadas, de género, de personas con capacidades diferentes, sexuales y religiosas en todo el mundo. La respuesta puede ayudarnos a comprender mejor por qué los discursos escolares sobre los estudiantes oprimidos todavía están impregnados de

> ...profundas suposiciones [de la modernidad] subyacentes sobre la pereza física y mental de los "no occidentales" como una cualidad inmanente que nos hace improductivos. (Frenkel y Shenhav, 2003).

En la disputa, las voces oprimidas rozan ferozmente las interpretaciones colonizadoras para detener el ataque, luchar por descolonizar el conocimiento y trabajar para (re)producir formas de conocimiento que estén en sintonía con las historias, culturas, idiomas y cosmologías de las personas racializadas y de clase trabajadora. El concepto de Fraser de contra-públicos subalternos es útil aquí, ya que se refiere al concepto de

> ...áreas donde los miembros de grupos sociales subordinados inventan y difunden contra-discursos, lo que a su vez les permite formular interpretaciones de oposición de sus identidades, intereses y necesidades. (Fraser, 1990, p. 56).

Aquí encontramos otra dimensión contrahegemónica esencial para descolonizar el currículo. Porque sin la formulación de interpretaciones de oposición o la dimensión itinerante de las voces subalternas, los proyectos curriculares descolonizadores genuinos serían imposibles.

En otras palabras, si bien no es responsabilidad del profesorado, el alumnado ni las comunidades subalternas descolonizar el currículo, es imposible hacerlo sin sus perspectivas orgánicas y su participación activa. Por consiguiente, el proceso de descolonización del currículo debe aprovechar eficazmente las sensibilidades históricas y culturales subalternas. Esto concuerda con la insistencia de Fanon (1963, p. 141) de que cuando los sujetos históricamente colonizados se esfuerzan por liberarse de los marcos colonizadores que han constreñido nuestras voces y sofocado nuestra conciencia, "estamos constantemente ampliando nuestro conocimiento a la luz de la experiencia [y] llegaremos a demostrar [que somos] capaces" de decir lo indecible y hacer lo inimaginable, en medio de un mundo en ruinas.

Una visión para
"el fin del mundo (tal como lo conocemos)"

> *No mentir. Desenmascarar las mentiras cuando se digan. No ocultar dificultades, errores ni fracasos. No proclamar victorias fáciles.*
>
> *Amilcar Cabral (1970)*

"Enseñar para el fin del mundo" hace esencial la necesidad de un cambio radical de conciencia, el desmantelamiento de los viejos regímenes de conocimiento y la construcción de nuevas estructuras, relaciones y prácticas educativas que promuevan la vida democrática y la justicia global. Como se ha argumentado a lo largo de esta obra, ello requiere enfoques curriculares descolonizadores que puedan, simultáneamente, romper con la lógica colonizadora de la modernidad, desafiar la inmutabilidad del capitalismo y desvelar los mitos que alimentan la eugenesia, la exclusión y el sufrimiento. Implementar estos enfoques exige plantear preguntas complejas y provocadoras, entablar diálogos valientes, imaginar soluciones radicales y buscar formas emancipadoras genuinas y sin concesiones de vida cultural, política y económica. Esto incluye deliberar juntos sobre lo que significa enseñar, aprender y soñar en una era de transición histórica turbulenta.

Para lograrlo, es necesario forjar la solidaridad dentro y entre las comunidades, y dedicar el tiempo necesario para soñar colectivamente visiones del mundo venidero. En el contexto actual de caos, debemos prepararnos, preparar a nuestros estudiantes y a nuestras comunidades para imaginar y acoger "formas alternativas de pensar la educación de manera alternativa" (Santos, 2007b), abriendo así nuevas posibilidades en cómo definimos nuestra existencia colectiva como seres vivos en este planeta. Y lo que es más importante, como nos imploró Freire, debemos comenzar la ardua labor dondequiera que nos encontremos, pues muchas de las soluciones que buscamos se encuentran bajo los escombros y la decadencia del presente. Es decir, la verdadera transformación social solo avanza tras lo que vino antes. Es a la vez un proceso de construcción sobre nuestras historias, y un despertar de las piezas inimaginables o aún inexistentes de un futuro justo y amoroso que nos llama.

Es imperativo crear amplios espacios y tiempo para la reflexión crítica profunda y el diálogo honesto con los otros, más allá de nuestros acuerdos y desacuerdos, para forjar la solidaridad necesaria en la audaz tarea de enseñar para el fin del mundo, hacia el mundo que todos deseamos ver (Amin, 2008), dadas las formas en las que la modernidad ha creado estados recalcitrantes de subalternidad. Enseñar para el fin del mundo es enseñar para un mundo que converge en la diferencia y la diversidad, capaz de abordar enfoques de oposición dentro y fuera del Norte Global (Amin, 2008). Esto requiere que lidiemos con el modo en que todos estamos posicionados de manera diferente; por lo tanto, todos poseemos sabiduría así como puntos ciegos. En lugar de sucumbir a las dinámicas educativas convencionales de competencia, coerción, manipulación y falta de respeto, debemos trabajar para romper las contradicciones opresor/oprimido que nos mantienen atrapados en dinámicas colonizadoras ligadas a nuestra posición. En consecuencia, comprender cómo estamos ubicados implica en nuestra enseñanza una mejora en nuestra capacidad para involucrarnos con mayor autenticidad dentro y fuera del aula (un tema lamentablemente marginado en enfoques que persisten en distanciarse del reconocimiento de la interdependencia de la existencia humana o de las luchas sociales más amplias en curso). Esto exige una profunda autorreflexión sobre nuestra propia complicidad en la perpetuación de actitudes y relaciones que traicionan nuestros objetivos emancipadores, independientemente de nuestra posición. Las dinámicas discapacitantes también pueden encontrarse en ámbitos altamente sectarios de la política identitaria, donde las condiciones de vida de las personas se relegan a los dogmas vanguardistas de un sector político, cultural o religioso en particular.

En este sentido, conviene estar atentos cuando las políticas de identidad, en lugar de abrir la puerta a un mayor diálogo y compromiso, cierran el diálogo crucial y se convierten en parte del problema. El sistema capitalista nos ha enseñado históricamente que las dinámicas y las categorías sociales de opresión y resistencia tienen una autonomía relativa. Es un error peligroso –como demuestran los ejemplos más recientes de genocidio en Gaza– persistir en privilegiar cualquier categoría de dominación o resistencia (Darder y Torres, 2004).

Arundhati Roy (2023) arroja luz sobre cómo la conversión de la identidad en un arma en tanto forma de resistencia se ha desarrollado en las últimas décadas como la respuesta dominante a la, a su vez, conversión en arma de la identidad como forma de opresión. La preocupación aquí radica en que la contradicción opresor/oprimido se endurezca y se vuelva impenetrable. Alejarnos de esta contradicción exige que trabajemos con constancia para desmantelar las dicotomías de la identidad que obstruyen nuestra capacidad de comprender tanto la multidimensionalidad de nuestra humanidad como la inconclusión de nuestra existencia. De lo contrario, podemos quedar atrapados en un círculo vicioso de superioridad y existencia jerárquica que impide el diálogo, llevándonos a soluciones violentas o bélicas que solo perpetúan la enfermedad social tóxica de la modernidad.

Para concluir, parece oportuno plantear preguntas que, una vez más, se inspiran en Machado de Oliveira (2021), para reflexionar mientras lidiamos con la tarea de descolonizar el currículo. Preguntas que evocan aspectos de los problemas planteados anteriormente, pero que aquí se presentan desde la perspectiva de que las fuerzas de la opresión humana son, de hecho, enfermedades sociales que requieren nuestra intervención.

- ¿Y si el racismo, el colonialismo y todas las demás formas de divisiones tóxicas y contagiosas fueran enfermedades sociales prevenibles? ¿Existen estrategias y relaciones para combatir este fenómeno?

- ¿Y si los textos, la educación y las formas de organización que utilizamos en la planificación y que veneramos han transmitido la enfermedad, pero también contienen partes latentes de la medicina que puede curarla? ¿Cómo podemos empezar a acceder a esas partes latentes que nos ayudan a cambiar el curso de la historia?

- ¿Y si aprender a activar esta medicina requiere aceptar nuestras historias violentas (por dolorosas que sean); aprender a ver el mundo a través de los ojos de otros (por imposible que parezca); y afrontar la humanidad (en nosotros mismos, primero) en toda su complejidad, aflicción e imperfección? ¿Cómo podemos activar esta medicina en aras de nuestra auténtica transformación y liberación?

- ¿Y si la purificación que provoca la medicina nos lleva a confrontar nuestros traumas y a aprender a soltar los miedos a la escasez, la soledad, la inutilidad, la culpa y la vergüenza? ¿Estamos dispuestos a atravesar el fuego de esos traumas, tanto internos como externos, en aras de un mundo más justo y amoroso?

- ¿Y si tuviéramos que aprender a confiar los unos en los otros sin garantías? ¿Qué habilidades y compromisos debemos aportar a un proyecto político de cambio tan complejo y humanizador? ¿Estamos dispuestos a suspender nuestra incredulidad y nuestros condicionamientos para aprender nuevas formas de ser?

- ¿Y si la motivación para sobrevivir juntos en un planeta finito en equilibrio dinámico (sin acuerdos, coerciones ni garantías) viniera de la enseñanza colectiva de la propia enfermedad? ¿Estamos realmente dispuestos a estudiar cómo cada uno de nosotros es cómplice de la enfermedad de la opresión y de la perpetuación de una forma de vida que nos lleva rápidamente a la extinción?

- ¿Y si la sanación colectiva fuera posible precisamente al afrontar juntos el fin del mundo tal como lo conocemos? ¿Estamos dispuestos a abandonar nuestra negación, arrogancia, competencia, individualismo y falsas nociones de humanidad, en aras del bien mayor, que está inextricablemente ligado al bien individual de cada uno de nosotros?

Nuestra capacidad para abordar estas preguntas es de vital importancia en estos tiempos. Porque sin adoptar una filosofía descolonizadora de la praxis éticamente informada que anule la mitología de la modernidad, ninguna transformación institucional sustancial es posible, dejándonos participar interminablemente en un ejercicio de mover los muebles de aquí para allá, pero manteniendo inalterada la estructura básica de la habitación. Recuerdo, aquí, la advertencia de Audre Lorde:

Las herramientas del amo nunca desmantelarán la casa del amo. Puede que nos permitan vencerlo temporalmente en su propio juego, pero nunca nos permitirán lograr un cambio genuino. (Lorde, 1984, p. 111).

Mientras permanezcamos atrapados en la prisión epistemológica de la modernidad, nuestro esfuerzo por transformar la sociedad seguirá siendo un asunto dudoso. Es decir, el cambio revolucionario requerido no surgirá de campos de batalla sangrientos ni de las guerras abstractas de conocimiento de los académicos, ni de la vieja política de oposición que, a menudo, nos mantiene ideológicamente atrapados en la narrativa opresor/oprimido. La transformación revolucionaria de la sociedad solo puede surgir de un proceso orgánico y dinámico de colaboración humana, donde todos tengan un lugar significativo en la mesa, donde la dignidad de las comunidades se respete incuestionablemente y toda vida se considere valiosa.

Por lo tanto, la descolonización del currículo, al igual que nuestras luchas en las calles, debe iniciar con un llamado a la disrupción y la apertura; comenzando desde donde nos encontremos, con fe en los demás y confianza en nuestra creatividad e ingenio, así como en nuestra capacidad de reflexionar, expresarnos y responder constantemente a los difíciles desafíos que surgirán en los años venideros. Más que nunca, necesitamos enfoques curriculares descolonizadores que surjan de visiones compartidas que afirmen la vida; visiones colectivas que nos acerquen como seres humanos valientes, comprometidos y amorosos, que juntos repensemos, reinventemos y recreemos, en medio del caos, posibilidades liberadoras y formas de ser y saber inimaginables que nos reconecten con la esencia revolucionaria de lo que significa estar plenamente vivos y libres, dentro de la dinámica orgánica de nuestra existencia colectiva. Esta es una visión que denuncia el odio, la codicia y la injusticia y anuncia un maravilloso campo amoroso de existencia humana colectiva, desde donde se genere el verdadero poder y pueda desarrollarse la auténtica libertad personal y colectiva.

Referencias bibliográficas

ALLMAN, P. (2007). *On Marx: An Introduction to the Revolutionary Intellect of Karl Marx.* Rotterdam: Sense Publishers.

ALTHUSSER, L. (1971). Ideology and ideological state apparatuses. In *Lenin and philosophy and other essays.* New York: Monthly Review Press (pp. 121-176). (Trad. al castellano: *Ideología y Apartos ideológicos del estado.* Buenos Aires: Nueva Visión, 1974).

AMIN, S. (2008). *The world we all wish to see.* New York: Monthly Review Press.

APPLE, M. (1990). *Ideology & Curriculum.* New York: Routledge.

ARBLASTER, A. (1987). *Democracy.* Minneapolis: University of Minnesota Press.

ARONOWITZ, S. & GIROUX, H. (1985). *Education under Siege.* New York: Bergin & Garvey.

BARTOLOMÉ, L. (1994). "Beyond the Methods Fetish: toward a Humanizing Pedagogy". *Harvard Educational Review.* Vol. 62, N° 1 (pp. 173-194).

BARTOLOMÉ, L. (2000). Democratizing bilingualism: The role of critical teacher education. In Beyknot, Z.F. (Ed.), *Lifting every voice: Pedagogy and politics of bilingualism* (pp. 167-186). Boston, MA: Harvard Education Publishing Group.

BATRAWY, A. (2024). Gaza's Death Toll Now Exceeds 30,000. Here is Why its an Incomplete Count. *National Public Radio.* <https://www.npr.org/2024/02/29/1234159514/gaza-death-toll-30000-palestinians-israel-hamas-war>.

BURNS, J. (2015). The Moral Bankruptcy of Corporate Education. *Teachers College Record* (September 01). <http://www.tcrecord.org>.

CABRAL, A. (1970). *Revolution in Guinea: Selected Texts.* New York: Monthly Review Press.

CABRAL, A. (1973). *Return to the Source. Selected Speeches of Amilcar Cabral*. New York: Monthly Review Press.

CADIERO-KAPLAN, K. (2003). *The Literacy Curriculum and Bilingual Education*. New York: Peter Lang.

CARR, P. (2010). *Does Your Vote Count: Critical Pedagogy and Democracy*. New York: Peter Lang.

CÉSAIRE, A. (2000). *Discourse on Colonialism*. New York: Monthly Review Press. (Trad. al castellano: *Discurso sobre el colonialismo*. Madrid: Akal, 2006).

CHOMSKY, N. (1999). *Profit Over People: Neoliberalism & Global Order*. New York: Seven Stories Press.

COLE, M. & SCRIBNER, S. (1974). *Culture and Thought*. New York: John Wiley & Sons. (Trad. al castellano: *Cultura y pensamiento. Relación de los procesos cognitivos con la cultura*. México DF: Limusa, 1977).

CRONIN, S. (Ed.) (2008). *Soy Bilingüe. Model for Early Childhood and Elementary Teacher Education*. Seattle, WA: Center for Linguistic and Cultural Democracy.

DARDER, A. (1991). *Culture and Power in the Classroom*. Conn: Bergin & Garvey.

DARDER, A. (1995). "Introduction. The Politics of Biculturalism: Culture and Difference in the Formation of Warriors for Gringostokia and The New Mestizas". In Darder, A., *Culture and Difference: Critical Perspectives on the Bicultural Eperience in the United States* (pp. 1-20). Westport, CT: Bergn & Garvey.

DARDER, A. (2002). *Reinventing Paulo Freire: A Pedagogy of Love*. Boulder, CO: Westview Press. (Trad. al castellano: *Freire y la educación*. Madrid: Morata, 2021).

DARDER, A. (2011). *A Dissident Voice: Essays on Culture, Pedagogy and Power*. New York: Peter Lang.

DARDER, A. (2012). *Culture and Power in the Classroom* (2nd ed.). New York: Paradigm.

DARDER, A. (2014). "Cultural Hegemony, Language, and the Culture of Forgetting: Interrogating Restrictive Language Policies". In Orelus, P., *Affirming Language Diversity in Schools and Society: Beyond Linguistic Apartheid.* New York: Routledge.

DARDER, A. (2015) Decolonizing Interpretive Research. *The International Education Journal: Comparative Perspectives* Vol. 14, N° 2 (pp. 63-77). Special Edition: ANZCIES Conference Proceedings, 2014.

DARDER, A. (2019). *Decolonizing Interpretative Research: A Subaltern Methodology for Social Change.* New York: Routledge.

DARDER, A.; BALTODANO, M. & TORRES, R.D. (2009). *The Critical Pedagogy Reader.* New York: Routledge.

DARDER, A. & TORRES, R.D. (2004). *After Race: Racism after Multiculturalism.* New York: New York University Press.

DARDER, A. & URIARTE, M. (2011). "The Politics of Restrictive Language Policies: A Postcolonial Analysis of Language and Schooling". In Lavia, J. & Mahlomaholo, S. (Eds.), *Culture, Education and Community: Expressions of the postcolonial imagination.* London: Palgrave.

DELEUZE, G. (1989). *Logic of Sense.* New York: Columbia University Press. (Trad. al castellano: *Lógica del Sentido.* Barcelona: Barral Editores, 1971).

DELPIT, L. & DOWDY, J.K. (2002). *The Skin that We Speak: Thoughts on Language and Culture in the Classroom.* New York: New Press.

DEWEY, J. (1916). *Democracy and Education.* New York: The Free Press. (Trad. al castellano: *Democracia y Educación.* Madrid: Morata, 2024).

DIAZ-SOTO, L. (1997). *Language, Culture and Power.* Albany: SUNY Press.

DIAZ-SOTO, L. & HAROON, K. (2010). *Teaching Bilingual/Bicultural Children.* New York: Peter Lang.

DUSSEL, E. (2013). *Ethics of liberation: In the age of Globalization and Exclusion.* Durham, NC: Duke University Press Books. (Trad. al castellano: *Ética de la Liberación. En la Edad de la Globalización y de la Exclusión.* Madrid: Trotta, 2011).

ELLISON, R. (1952). *Invisible Man.* New York: Random House.

FANON, F. (1963). *Wretched of the Earth*. New York: Grove Press. (Trad. al castellano: *Los condenados de la Tierra*. Iruñea, Nafarroa: Txalaparta, 1999).

FANON, F. (1967). *Black Skins, White Masks*. New York: Grove Press. (Trad. al castellano: *Piel Negra. Máscaras Blancas*. Madrid: Akal, 2009).

FOUCAULT, M. (1980). *Power Knowledge*. New York: Pantheon Books. (Trad. al castellano: *Microfísica del poder*. Madrid: La Piqueta, 1978).

FRASER, N. (1990). Rethinking the Public Schere: A Contribution to the Critique of Actually Existing Democracy. *Social Text*, Nº 25/26 (56-80). (Trad. al castellano: Repensar el ámbito público: una contribución a la crítica de la democracia realmente existente. *Debate Feminista*; Vol. 7, 1993).

FRASER, N. (2013). *Scales of Justice: Reimagining Political Space in a Globalizing World*. Cambridge, UK: Polity Press. (Trad. al castellano: *Escalas de Justicia*. Barcelona: Ed. Herder, 2008).

FRASER, N. & HONNETH, A. (2006). *¿Reconocimiento o redistribución?* Madrid: Morata.

FREDRICKSON, G. (2002). *Racism: A Short History*. Princeton: Princeton University Press.

FREIRE, P. (1970). *Pedagogy of the Oppressed*. New York: Seabury. (Trad. al castellano: *Pedagogía del oprimido*. México DF: Siglo XXI, 1970).

FREIRE, P. (1978). *Education for Critical Consciousness*. New York: Seabury Press. (Trad. al castellano: *La educación como práctica de la libertad*. México DF: Siglo XXI, 3ª ed., 2022).

FREIRE, P. (1993). *Pedagogy of the City*. New York: Continuum. (Trad. al castellano: *La educación en la ciudad*. México DF: Siglo XXI, 1997).

FREIRE, P. (1995). *Pedagogy of Hope: Reliving Pedagogy of the Oppressed*. New York: Continuum. (Trad. al castellano: *Pedagogía de la esperanza*. México DF: Siglo XXI, 2022).

FREIRE, P. & MACEDO, D. (1987). *Literacy: Reading the Word and the World*. New York: Bergin & Garvey. (Trad. al castellano: *Alfabetización. Lectura de la palabra y lectura de la realidad*. Barcelona: Paidós, 1989).

FRENKEL, M. & SHENHAV, Y. (2003). *Decolonizing Organization Theory: between Orientalism and Occidentalism*. <http://www.mngt.wai-kato.ac.nz/ejrot/cmsconference/2003/proceedings/postcolonial/Frenkel.pdf>.

FURCERI, D.; LOUNGANI, P.; OSTRY, J.D. & PIZZULO, P. (2020). COVID-19 Will Raise Inequality if Past Pandemics are a Guide. VOX/CEPR (May 8). <https://voxeu.org/article/covid-19-will-raise-inequality-if-past-pandemics-are-guide>.

GIROUX, H. (1983). *Theory and Resistance in Education*. MA: Bergin & Garvey. (Trad. al castellano: *Teoría y resistencia en educación. Una pedagogía para la oposición*. México DF, Siglo XXI, 1992).

GIROUX, H. (1988a). *Schooling and the Struggle for Public Life*. Minneapolis: University of Minnesota Press. (Trad. al castellano: *La escuela y la lucha por la ciudadanía*. México DF: Siglo XXI, 2003).

GIROUX, H. (1988b). *Teachers as Intellectuals*. New York: Bergin & Garvey. (Trad. al castellano: *Los profesores como intelectuales: hacia una pedagogía crítica del aprendizaje*. Barcelona: Paidós, 1990).

GIROUX, H. & DIMAGGIO, A.R. (2024). *Fascism on Trial: Education and the Possibility of Democracy*. London: UK: Bloomsbury.

GOULD, S.J. (1981). *The Mismeasure of Man*. New York: W. W. Norton. (Trad. al castellano: *La falsa medida del Hombre*. Barcelona: Antoni Bosch, 1984).

GRAMSCI, A. (1971). *Selections from Prison Notebooks*. New York: International Publications. (Trad. al castellano: *Antología*. Buenos Aires: Siglo XXI, 2017).

GRAMSCI, A. (1992). *Prison Notebooks*. New York: Columbia University Press. (Trad. al castellano: *Cuadernos de la Cárcel*. México DF: Ediciones Era, 1975).

GRANDE, S. (2004). *Red Pedagogy: Native American Social and Political Thought*. New York: Rowman and Littlefield.

GROSFOGUEL, R. (2011). "Decolonizing Postcolonial Studies and Paradigms of Political-Economy: Transmodernity, Decolonial Thinking and Global Coloniality", *Transmodernity: Journal of Peripheral Cultural Production of the Luso-Hispanic World* 1(1).

(Trad. al castellano: La Descolonización de la Economía Política y los estudios postcoloniales: transmodernidad, pensamiento fronterizo y colonialidad global. *Tábula Rasa* 4, pp. 17-48, 2006).

HALL, S. (1996) "The Problem of Ideology: Marxism Without Guarantees". In Morley, D. & Chen, K.H. (Eds.), *Stuart Hall: Critical Dialogues in Cultural Studies* (pp. 24-43). New York: Routledge.

HENRY, P. (2000). *Caliban's Reason: Introducing Afro-Caribbean Philosophy*. New York: Routledge.

HILL, M.L. & PLITNICK, M. (2021). *Except for Palestine: The Limits of Progressive Politics*. New York: The Free Press.

HOOKS, b. (1981). *Ain't I a Woman: Black Women and Feminism*. Boston, MA: South End Press.

HOOKS, b. (1989). *Talking Back*. Boston: South End Press.

HOOKS, b. (1994). *Teaching to Transgress*. New York: Routledge. (Trad. al castellano: *Enseñar a trasgredir*. Madrid: Capitán Swing, 2021).

HORTON, M. & FREIRE, P. (1990). *We Make the Road by Walking: Conversations on Education and Social Change*. Philadelphia, Pennsylvania: Temple University Press.

HUEBNER, D. & PARASKEVA, J.M. (2022) "Curriculum Afterword". In J. M. Paraskeva. *Conflicts in Curriculum Theory*. (2nd Ed.) (pp. 215-261). New York: Palgrave.

INTERNATIONAL TASK FORCE ON TEACHERS FOR EDUCATION (2020). COVID-19 Highlights the Digital Divide in Distance Learning. <https://teachertaskforce.org/news/covid-19-highlights-digital-divide-distance-learning>.

JUPP, J. (2017). Decolonizing and De-Canonizing Curriculum Studies. *Journal for the American Association for the Advancement of Curriculum Studies.* 12(1), pp. 1-22 (1-25).

JUPP, J. (2023). *Itinerant Curriculum Theory. Decolonial Praxis, Theories, and Histories*. New York: Peter Lang.

KINCHELOE, J. (2008). *Critical Pedagogy Primer.* New York: Peter Lang. (Trad. al castellano: *Pedagogía Crítica: de qué hablamos, dónde estamos*. Barcelona: Graó, 2008).

KNOWLES, L. & PREWITT, K. (1969). *Institutional Racism in America*. Englewood Cliffs, NJ: Prentice-Hall.

LEITÃO, R. (2018) "Recognizing and Overcoming the Myths of Modernity". In Storni, C.; Leahy, K.; McMahon, M.; Lloyd, P. & Bohemia, E. (Eds.), *Design as a Catalyst for Change*. DRS International Conference, 25-28 June, Limerick. <https://dl.designresearchsociety.org/cgi/viewcontent.cgi?article=1592&context=drs-conference-papers>.

LORDE, A. (1984). "The Master's Tools Will Never Dismantle the Master's House". *Sister Outsider: Essays and Speeches* (pp. 110-114). Berkeley, CA: Crossing Press. (Trad. al castellano: *Hermana Otra*. Madrid: Horas y Horas, 2022).

LUGONES, M. (2010). Toward a Decolonial Feminism, *Hypatia* 25(4), pp. 742-59. (Trad. al castellano: *Hacia un Feminismo Decolonial*. Madrid: Eterna Cadencia, 2024).

MACHADO DE OLIVEIRA, V. (2021). *Hospicing Modernity*. Berkely, CA: North Atlantic Books.

MARCUSE, H. (1964). *One-dimensional man: Studies in the ideology of advanced industrial society*. Boston, MA: Beacon Press. (Trad. al castellano: *El Hombre Unidimensional*. Madrid: Austral, 2016).

MATÉ, G. (2018). *In the Realm of Hungry Ghosts: Close Encounters with Addiction*. Berkeley: North Atlantic Books.

MATÉ, G. (junto con D. Maté) (2020). *The Myth of Normal: Trauma, Illness, and Healing in a Toxic Culture*. New York: Avery.

MCCARTHY, C.; CRICHLOW, W.; DIMITRIADIS, G. & DOLBY, N. (2005). *Race, Identity and Representation in Education*. New York: Routledge.

MCLAREN, P. (1998). *Life in Schools: An Introduction to Critical Pedagogy and the Foundations of Education*. New York: Longman. (Trad. al castellano: *La vida en las escuelas. Una introducción a la pedagogía crítica en los fundamentos de la educación*. México DF: Siglo XXI, 1994).

MEMMI, A. (1991). *The Colonizer and the Colonized*. Boston: Beacon Press.

MIGNOLO, W. (2007). Delinking: The rhetoric of modernity, the logic of coloniality and the grammar of de-coloniality. *Cultural Studies* 21(2-3), pp. 449-514.

MIGNOLO, W. (2011). *The darker side of western modernity: Global futures, decolonial options*. London: Duke University Press. (Trad. al castellano: *El Lado más oscuro del renacimiento: Alfabetización, territorialidad y colonización*. Popayán, Colombia: Editorial Universidad del Cauca, 2016).

MIGNOLO, W. (2012). *Local Histories/Global Designs: Coloniality, Subaltern Knowledges, and Border Thinking*. Princeton, NJ: Princeton University Press. (Trad. al castellano: *Historias locales / diseños globales. Colonialidad, conocimientos subalternos y pensamiento fronterizo*. Madrid: Akal, 2002).

MIGNOLO, W. (2018). "The Invention of the Human and the Three Pillars of the Coloniality Matrix of Power". In Walsh, C. & Mignolo, W., *On Decoloniality. Concepts, Analytics, Praxis* (pp. 153-176). Durham: Duke University Press.

MILES, R. (1993). *Racism after "Race Relations"*. London: Routledge.

MOHANTY, C.T. (2003). *Feminism Without Borders: Decolonizing Theory, Practicing Solidarity*. Durham: Duke University Press.

MUTUA, K. & SWADENER, B.B. (2004). *Decolonizing research in cross-cultural contexts: Critical personal narratives*. Albany: State University of New York Press.

NIETO, S. (2009). *Culture, Language and Teaching: Critical Perspective*. New York: Routledge.

PARASKEVA, J.M. (2011). *Conflicts in Curriculum Theory*. New York: Palgrave.

PARASKEVA, J.M. (2016) *Curriculum Epistemicide*. New York: Routledge. (Trad. al castellano: *Epistemicido curricular. Hacia una teoría curricular itinerante*. Buenos Aires/Barcelona: Miño y Dávila.

PARASKEVA, J.M. (2022). The generation of the utopia: Itinerant curriculum theory towards a "futurable future". Discourses. *Studies in the Cultural Politics of Education* (pp. 347-366).

PARASKEVA, J.M. (2023). *Critical Perspectives on the Denial of Caste in Educational Debate: Towards a Non-derivative Curriculum Reason*. New York: Routledge.

PARASKEVA, J.M. (2024). *Itinerant Curriculum Theory. Towards a Declaration of Epistemological Independence*. London: Bloomsbury.

PARKER, L.; DEYHLE, D. & VILLENAS, S. (1999). *Race Is... Race Isn't: Critical Race Theory and Qualitative Studies in Education.* New York: Routledge.

PHILLIPS, C. (1979). "Rethinking the Study of Black Behavior". In *Collective Monographs I. Toward a Black Perspective in Education.* Pasadena, CA: Stage 7.

QUIJANO, A. (1992). Colonialidad y Modernidad/Racionalidad. *Perú Indígena*, 29(1), pp. 11-21.

QUIJANO, A. (2000). Colonialidad del poder y classificacion Social. *Journal of World Systems Research,* 6(2), pp. 242-386.

RAMIREZ, M. & CASTANEDA, A. (1974). *Cultural Democracy: Bicognitive Development and Education.* New York: Academic Press.

ROY, A. (2023). Approaching Gridlock: Arundhati Roy on Free Speech and Failing Democracy. Lit Hub. <https://lithub.com/approaching-gridlock-arundhati-roy-on-free-speech-and-failing-democracy/>.

SAID, E.W. (1978). *Orientalism: Western Concepts of the Orient.* New York: Pantheon. (Trad. al castellano: *Orientalismo.* Barcelona: DeBolsillo, Mondadori, 2002).

SAMEK, T. & SHULTZ, L. (2017). *Information Ethics, Globalization and Citizenship.* Jefferson, NC: McFarland.

SANTOS, B. de Sousa (2007a). Beyond abyssal thinking. *Eurozine.* <http://www.eurozine.com/pdf/2007-06-29-santos-en.pdf>.

SANTOS, B. de Sousa (2007b). *Another World is Possible: Beyond Northern Epistemologies.* London: Verso.

SANTOS, B. de Sousa (2014). *Epistemologies of the South.* New York: Routledge. (Trad. al castellano: *Una epistemología del Sur.* México DF: Siglo XXI, 2009).

SANTOS, B. de Sousa (2018). *The End of the Cognitive Empire.* Durham: Duke University Press. (Trad. al castellano: *El fin del imperio cognitivo. La afirmación de las epistemologías del Sur.* Madrid: Trotta, 2019).

SEMPERE, M.J.C.; ALLIYU, T. & BOLLAERT, C. (2022). Towards Decolonising Research Ethics: From One-off Review Boards to Decentralised North-South Partnerships in an International Development

Programme. *Education of Science* 12(4). <https://www.mdpi.com/2227-7102/12/4/236>.

SHEIK, Z.B. (2020). From Decolonising the Self to Coming to Voice. *Education as Change* Vol. 24(1-5). <https://repub.eur.nl/pub/135071/Repub_135071_O-A.pdf>.

SIMON, R. (1988). For Pedagogy of Possibility. *Critical Pedagogy Networker* 1, pp. 1-4.

SMITH, E. (1998). "What is Black English? What is Ebonics?". In Perry, Th., *The real Ebonics debate: Power, Language, and the Education of African-American Children.* Boston: Beacon.

SMITH, L.T. (2012). *Decolonizing Methodologies: Research and Indigenous Peoples.* (2nd Ed.). London: Zed Books.

SOVEREIGN UNION (2011). "Liberation" and "You are on Aboriginal Land". First Nations Asserting Sovereignty. Australia: National Unity Government. <http://nationalunitygovernment.org/content/liberation-and-you-are-aboriginal-land>.

SPIVAK, G.C. (1988). "Can the Subaltern Speak?". In Nelson, C. & Grossberg, L. (Eds.), *Marxism and the Interpretation of Culture* (pp. 271-316). Chicago, IL: University of Illinois Press. (Trad. al castellano: ¿Puede hablar el subalterno? *Revista Colombiana de Antropología,* Vol. 39, enero-diciembre, pp. 297-364, 2003).

SPIVAK, G.C. (1999). *A Critique of Postcolonial Reason.* Cambridge, MA: Harvard University Press.

TAYLOR, C. (1994). *Multiculturalism.* Princeton: Princeton University Press. (Trad. al castellano: *El Multiculturalismo y la política del Reconocimiento.* México DF: F.C.E., 1993).

TLOSTANOVA, M.V. & MIGNOLO, W. (2009). Global coloniality and the decolonial option. *Kult 6: Special Issue on Epistemologies of Transformation* (pp. 130-147). Department of Culture and Identity. Roskilde University.

TLOSTANOVA, M.V. & MIGNOLO, W. (2012). *Learning to Unlearn: Decolonial Reflections from Eurasia and the Americas.* Columbous: Ohio State University.

TORRES, C.A. (2009). *Globalizations and Education: Collected Essays on Class, Race, Gender, and the State*. New York: Teachers College Press.

TOUKAN, E. (2023). A new social contract for education: advancing a paradigm of relational interconnectedness. *Education Research and Foresight Working Paper* 31. Paris: UNESCO.

TRAFZER, C.; KELLER, J. & SISQUOC, L. (2006). *Boarding School Blues: Revisiting American Indian Education Experiences*. Winnipeg, MB: Bison Books.

TUCK, E. & YANG, K.W. (2012). Decolonization is not a metaphor. *Decolonization: Indigeneity, Education, & Society*. 1(1), pp. 1-40.

TURE, K. & HAMILTON, C. (1992). *Black Power: The Politics of Liberation*. New York: Vintage.

WALLACE, J. (1999). Deconstructing Gayatri. *The Higher Education*. July 30. <https://www.timeshighereducation.com/features/deconstructing-gayatri/147373.article>.

WANDERLEY, S. & FARIA, A. (2013). Border thinking as historical decolonial method: Reframing dependence studies to (re)connect management and development. *EnANPAD*. <http://www.anpad.org.br/admin/pdf/2013_ EnANPAD_EOR2021.pdf>.

WILLIAMS, R. (1975). *Ebonics: The True Language of Black Folks*. St Louis, MO: Institute of Black Studies.

YAYA, S.; YEBOAH, H.; CHARLES, C.H.; OTU, A. & LABONTE, R. (2020). Ethnic and Racial Disparities in COVID-19 Deaths: Counting the Trees, Hiding the Forest. *BMJ Global Health* (5). <http://dx.doi.org/10.1136/bmjgh-2020-002913>.

YOUNG, M. (1958). *The Rise of Meritocracy*. London: Thames & Hudson. (Trad. al castellano: *El triunfo de la meritocracia. Ensayos sobre educación e igualdad*. Madrid: Tecnos, 1964).

YOUNG, I.M. (1990). *Justice and the Politics of Difference*. Princeton, NJ: Princeton Univeristy Press. (Trad. al castellano: *La Justicia y la política de la diferencia*. Madrid: Ediciones Cátedra, 2000).